Philipp Schröder / Valentin Rossiwall

DAY-TRADING:

SCHNELL, SCHNELLER, SCALPING

Mit schnellen Profiten zum Erfolg

simplified

Layout & Satz: BUCH CONCEPT Berlin
Lektorat: Marion Reuter
Korrektorat: Christel Dobenecker
Druck: Konrad Triltsch, Ochsenfurt

1. Auflage 2011

Nymphenburger Straße 86
80636 München
Tel. 089 651285-0
Fax 089 652096
info@finanzbuchverlag.de

Die Autoren erreichen Sie unter:
schroeder@finanzbuchverlag.de
rossiwall@finanzbuchverlag.de

Bibliografische Information der Deutschen Nationalbibliothek: Die Deutsche Nationalbibliothek verzeichnet diese Publikation in der Deutschen Nationalbibliografie; detaillierte bibliografische Daten sind im Internet über **http://d-nb.de** abrufbar.

ISBN: 978-3-89879-615-6

simplified

Inhalt

simplified

DIE SIMPLIFIED-BUCHREIHE
WWW.SIMPLIFIED.DE

EINE ZUSAMMENARBEIT VON FINANZBUCH VERLAG UND INVESTOR VERLAG

simplified

Vorwort

»If you don't risk anything, you risk even more«
Erica Jong

Um in den immer komplexer werdenden Märkten erfolgreich zu bestehen, müssen Sie Marktstrukturen verstehen und in der Lage sein, Ihr Risiko aufmerksam zu steuern.

Leider haben gerade Anfänger eine zu einfache Vorstellung vom Trading. Das Bild von der Börse, das durch die Tradingindustrie kreiert wird, ist nicht immer ganz korrekt: Gewinne sind nicht leicht erwirtschaftet und das Trading nicht in einem Wochenendkurs gelernt. Um ein Verständnis für die Märkte zu entwickeln, brauchen Sie Kenntnisse über die Zusammenhänge in der Wirtschaft, aber vor allem auch technische Kenntnisse. Nur so verstehen Sie, wie Phänomene wie Shortsqueezes, Volatilität, Korrelationen oder z.B. der so oft erwähnte »Flash Crash« vom 6. Mai 2010 entstehen.

Das bedeutet nicht, dass Sie Wirtschaft oder Mathematik studieren müssen, doch die Anforderungen an den modernen Trader sind mittlerweile größer als vielleicht noch vor 5 Jahren. Die Komplexität nimmt zu. Der computergestützte Handel wird vermutlich langfristig den Parketthandel aussterben lassen. Sicher ist aber auch, dass es immer Trends geben wird und dass der Mensch auch zukünftig ähnlich auf Angst und Gier reagieren wird. So wird sich auch in der Zukunft mit langfristigen Trades gutes Geld verdienen lassen. Doch als »Hobbytrader« ist man mittlerweile in einer ungünstigen Position – arbeitet man dazu noch mit unpassenden Tools, geringer Kapitaldecke und schlechten Brokern, sollte man es gleich bleiben lassen.

Trading ist in der Theorie einfach: Billig kaufen und teuer verkaufen (oder umgekehrt, wenn Sie short gehen). Wenn Sie Spitzensportlern bei der »Arbeit« zusehen, erkennen Sie eine gewisse Leichtigkeit und sind vielleicht sogar dazu hingerissen zu behaupten, dass Ihre Fähigkeiten (z.B. beim Golf) ähnlich gut sind. Für Tradinganfänger gilt das Gleiche: Häufig verleitet »Anfängerglück« zu der falschen Annahme, dass Trading ein einfaches Geschäft ist. Nach einiger Zeit sind die meisten Anfänger allerdings pleite und geben auf oder sie werden Profis. Es gibt keine andere Option. Manche Konten werden schneller kleiner als andere, das ist der einzige Unterschied zwischen Tradinganfängern und Profis. Fragen Sie Ihren (CFD) Broker, wie viele Kunden konstant Performance erwirtschaften. Die Zahl wird gering sein, das ist sicher.

Billig kaufen, teuer verkaufen: Aus der Ferne betrachtet, sieht alles ganz einfach aus. Der Weg allerdings, um diese Strategie langfristig zu verfolgen, ist hart und steinig. Sie brauchen Wissen, Übung und Erfahrung um im Trading erfolgreich zu sein. Trading ist vor allem eine psychologische Herausforderung. Die meisten Hobbysportler sind nicht in der Lage, mit Weltklasse-Athleten zu konkurrieren. Warum sollte also der Hobbytrader denken, er könne gegen die schlausten Köpfe der Welt ohne Weiteres bestehen? Es lässt sich nicht oft genug betonen, dass im Tradinggeschäft der Großbanken oder Hedgefonds sehr intelligente Menschen beschäftigt sind. Das Prinzip ist immer das gleiche: Gut kapitalisierte Amateure verlieren langfristig Ihr Geld an die schlaueren und technologisch besser ausgestatteten Marktteilnehmer, die nur darauf warten, es einzusammeln.

Dennoch: es ist möglich, an der Börse von zu Hause aus erfolgreich zu bestehen!

Leider vermittelt die Industrie häufig ein falsches Bild davon, was notwendig ist, um tatsächlich erfolgreich zu traden. Es gibt unzählige Seminare, Gurus, Börsenbriefe und schlechte Broker, die Ihnen die Entscheidung schwer machen werden. Day-Trading (ernsthaft betrieben) ist ein Fulltime-Job. Auch Swingtrading funktioniert nur, wenn Sie sich täglich mit den Märkten auseinandersetzen, ansonsten verlieren Sie das Gefühl für die Marktbewegungen.

Wir hatten die Gelegenheit, in kurzer Zeit mehrere Marktphasen zu durchleben: Der Bullenmarkt 2003-2005, die Topbildung in Rohstoffen und Aktienindizes, die Finanzkrise 2008, die Bodenbildungsphase der

Aktienmärkte, die anschließende Bärenmarktrally, die Eurokrise, den Flash Crash 2010 u.v.m. Leser unseres Blogs »www.daytrading.de» kamen und gingen in dieser Zeit, nur sehr wenige blieben beständig. Die meisten, die uns treu blieben, sind Day-Trader.

Interessanterweise herrscht die gängige Meinung, dass Day-Trading der risikoreichste Tradingstil ist. Fakt ist allerdings, je mehr Orders man im Rahmen seiner Strategie durchführt, desto kleiner wird das Risiko, Geld zu verlieren, wenn man denn weiß, was man tut. Der Grund liegt darin, dass man Risiko intelligenter allokieren und schneller auf Marktänderungen reagieren kann.

Brain Shanon, Trader und Autor von "Technical Analysis using multiple timeframes» sagt zudem richtigerweise: "Why would i risk beeing in the market overnight while i can find the best places acitvly trading the markets every day?»

Als Day-Trader sind Sie den meisten Risiken denen Swingtrader unterliegen, nicht ausgesetzt. Im Gegenteil: Wenn starke Kursbewegungen auf Grund von geopolitischen Ereignissen oder anderen Nachrichten auftreten, können Sie als Day-Trader davon profitieren, während langfristig orientierte Trader ihre Gewinne abgeben, ausgestoppt werden (Flash Crash 2010) oder auf Grund der hohen Volatilität ihre »Nerven» verlieren.

Geld wird an der Börse mit harter Arbeit verdient. Harte Arbeit bedeutet, sich täglich mit seinen Schwächen auseinanderzusetzen, niemals mit dem Lernen aufzuhören und die Fähigkeiten zu trainieren, die notwendig sind, um erfolgreich zu traden. Den Top-Börsenbrief abonniert, ein paar Candelsticks auswendig gelernt, zwei super intelligente Indikatoren kombiniert mit Trendkanälen in den Chart gezeichnet und auf geht's mit dem Hebel in die Welt der Derivate. Auch wir haben es zu Beginn so gemacht.

Doch die Börse holt einen immer auf den Boden der Tatsachen zurück ...

Wir haben jahrelang unzählige Bücher gelesen, tausende Blogposts erstellt, täglich den Handelsschirm beobachtet, Seminare besucht, Interviews mit Tradern geführt und arbeiten mit einem der bekanntesten Hedgefonds in New York City zusammen und wir hoffen mit diesem Buch unsere Erfahrungen weitergeben und Anregungen für das kurzfristige Trading bieten zu können. Nach Jahren an der Börse können wir mit Recht sagen: Day-Trading ist die schnellste und aufregendste Form des Börsenhandels.

Für das Fördern unserer Ideen, Inspiration, Motivation und Ihre Geduld wollen wir an dieser Stelle unseren tiefen Dank an folgende Personen aussprechen:

SMB Capital, G. Eckler, Frank SG22, dem FinanzBuch Verlag, unseren Familien, Michaela P. , Prof. Dr. A. Molsberger (Düsseldorf) sowie Christian P.

Happy Trading!

Philipp Schröder
Valentin Rossiwall
New York, August 2010

simplified

Einführung

»Suche nach einer Tätigkeit, wo deine Arbeit dich so glücklich macht wie deine Freizeit«
– Pablo Picasso

Trading bringt Freiheiten mit sich, die sonst nur wenige Jobs bieten können: Sie können jeden Tag tausende Dollar verdienen. Sie können von überall in der Welt traden. Sie haben keine Angestellten und sind Ihr eigener Chef. Sie brauchen kein großes Büro und müssen keine Kunden betreuen. Erträge erhalten Sie sofort auf Ihr Konto. Sie brauchen sehr wenig Ressourcen, um starten zu können. Sie können Ihre Arbeitszeiten selbst bestimmen. Es ist eine kreative und intellektuell herausfordernde Arbeit. Jeder kann sich an der Börse versuchen und zum Super-Trader aufsteigen. Sie können Geld verdienen, wenn die Realweltwirtschaft den Arbeitsmarkt vor große Herausforderungen stellt. Trading kann den angehenden Händler jedoch auch in den Ruin treiben. Es braucht nur einen einzigen unkontrollierten Trade, und der Traum vom großen Geld ist zerstört. Keiner sagt, dass Trading einfach ist. Viele Trading-Anfänger verlieren in den ersten Jahren Geld. Zahlreiche Gurus postulieren in Büchern, dass man mit nur wenigen Stunden Arbeit pro Woche durch Traden an der Börse ein Vermögen verdienen kann.

Wir sagen Ihnen: Ja, Sie können ein Vermögen verdienen, aber Sie müssen dafür hart arbeiten. Wie in jedem Beruf brauchen Sie eine Ausbildung, um erfolgreich zu werden. Letztendlich ist es nicht das Ziel, reich zu werden, sondern den Markt zu meistern. Leisten Sie gute Arbeit, so kommt das Geld von alleine.

Dieses Buch ist viel zu kurz, um Ihnen das Day-Trading beizubringen. Vielmehr soll es Anregungen zum Handeln für den fortgeschrittenen Trader bieten, der bereits erste Erfahrungen mit Technischer Analyse und simplen Handelsstrategien gesammelt hat. Oft endet die Lernkurve für angehende Trader genau an dieser Stelle. Hier wollen wir mit unseren Intraday-Handelsstrategien und unseren Erfahrungen aus der Hedgefondsbranche ansetzen und neue Wege und Ideen aufzeigen.

simplified

Teil 1: Grundlagen und erste Schritte

Was ist Day-Trading, was ist Scalping?

Day-Trading bedeutet per Definition, dass Positionen innerhalb eines einzigen Handelstages eröffnet und geschlossen werden. Damit sind Trades, die über den Handelsschluss hinaus gehalten werden (overnight), ausgeschlossen. Als Day-Trader haben Sie das Ziel, von täglichen Kursschwankungen zu profitieren. Jeden Tag bekommen Sie neue Chancen. Positions- oder Swing-Trader halten hingegen Positionen über mehrere Tage oder sogar Wochen bis Monate. Je kleiner der Zeithorizont ist, desto kleiner ist auch die Zeitebene, auf der Sie Ihre Entscheidungen treffen: Day-Trader nutzen Intradaycharts (also zum Beispiel Minuten- oder Tick-Charts), während mittel- bis langfristig orientierte Trader auf größeren Zeitebenen (zum Beispiel Stunden-, Tages- oder Wochencharts) Entscheidungen treffen. Sollten Sie sich für einen Stil entscheiden, ist es notwendig, dass Sie die Vor- und Nachteile kennen, die sich aus den unterschiedlichen Zeithorizonten für Ihr Trading ergeben. Dazu erfahren Sie später mehr. Generell lässt sich allerdings folgende Regel aufstellen: Je größer die Zeitebene ist, desto größer muss Ihre Kapitaldecke sein.

Scalping ist eine besondere Form des Day-Tradings. Definitionsgemäß profitieren Scalper auf ultrakurzfristigen Zeitebenen, wie zum Beispiel den Tick-Charts, von Differenzen im Kauf- und Verkaufskurs eines Basiswertes (zum Beispiel Aktien oder Futures). Man geht davon aus, dass Aktien ihre erste starke Trendbewegung eine Zeit lang fortsetzen, nachdem substantiell Käufer im Markt auftreten. Als Scalper versuchen Sie, Centbeträge aus den Minitrends herauszuholen. Per Definition könnte jeder Trade ein Scalp sein, sollte er nahe einem Chance-Risiko-Verhältnis von 1 : 1 geschlossen werden. Wenn der Trader beispielsweise eine Long-Position bei 23,4 eingeht, den Stop bei 23,2 platziert und den Trade bei 23,6 mit 20 Cent Gewinn schließt, dann handelt es sich um einen

Scalptrade. Wenn Sie das oft tun und mit ordentlicher Positionsgröße, kann das eine profitable Strategie werden. Viele Scalper behaupten, kleine Kursbewegungen seien viel leichter zu antizipieren als große und würden öfter im Markt auftauchen.

Scalper machen bis zu mehrere hundert Trades pro Tag. Positionen werden also innerhalb von Sekunden(-bruchteilen) eröffnet und geschlossen. Das Level 2 und die Times-&-Sales-Liste sind neben der Technischen Analyse wichtige Tools, um zu erkennen, wo Kursdruck im Markt entsteht. Scalping kann auch ein zusätzlicher Trading-Stil zu Ihrem sonstigen Intraday-Trading werden (wobei eine klare Abgrenzung sowieso schwierig ist), indem Sie zum Beispiel kurze Bewegungen im Markt durch Ihr Scalping mitnehmen oder Ihre längerfristigeren Positionen kurzfristig in Kursanstiegen am Minuten- oder Tick-Chart hedgen. Diese Strategie nennt man »Umbrella Trades«, und sie dient unter anderem dem Risikomanagement Ihrer sonstigen Daytrades:

> Ein Trader geht eine Position auf einer längerfristigen Zeitebene ein.
> Während sich der Haupttrade entwickelt, tradet der Trader im Hinblick auf die längerfristigere Position kurzfristig, um Korrekturen zu hedgen oder mehr Profite mitzunehmen.

Eine klare Abgrenzung, welche Strategie oder Zeitebene eine Scalping-Strategie definiert, gibt es nicht. Hier lässt sich auch keine sinnvolle Einteilung vornehmen: Vielmehr sollten Sie für sich erkennen, welche Form des Handelns Ihrer Natur entspricht.

Scalping wird auch als »Market Making« bezeichnet, wobei ein Scalper versucht, die Differenz von Bid und Ask, also den Spread, durch die gleichzeitige Platzierung eines Bids und eines Offers für ein bestimmtes Wertpapier für sich zu nutzen. Diese Art des Scalping ist sehr schwierig umzusetzen. Der Fokus in diesem Buch liegt daher vor allem darauf, kurzfristig Intradaytrends zu erkennen und zu handeln.

Scalping ist in der Regel sehr zeitaufwendig, während das Trading auf großen Zeitebenen weniger Aufmerksamkeit erfordert und daher weniger Zeit am Bildschirm für Sie bedeutet.

Folgende Thesen lassen sich aufstellen:

> Je größer die Zeitebene ist, desto größer muss die Kapitaldecke sein.
> Kleinere Zeitebenen haben eine Risikoreduktion »eingebaut«.

Day-Trading und besonders das Scalping stellen besondere (technische) Anforderungen an Sie als Trader. So benötigen Sie einen Broker, der Ihnen das kurzfristige Handeln ohne Umwege (schlechte Ausführung, teure Gebühren und Ähnliches) ermöglicht. Außerdem benötigen Sie genügend Zeit. Zeit stellt häufig das größte Problem dar: Nur die wenigsten Anfänger können sechs Stunden oder mehr pro Tag in ihr Trading investieren. Der große Vorteil ist der vergleichsweise kleine Kapitalbedarf. So können Sie bereits mit einem 5000-Dollar-Konto ansehnliche Ergebnisse erwirtschaften. Der Return on Investment (ROI), den Sie als Day-Trader erzielen können, ist phänomenal. Positions- und Swing-Trader benötigen häufig ein vielfach größeres Kapital.

Mit Scalping spekulieren Sie täglich auf dutzende oder sogar hunderte Geschäfte und auf wenige Pips, Ticks oder Cents pro Trade. Ein erfolgreicher Scalper verdient an mindestens 80 Prozent seiner Arbeitstage Geld. Das Motto des Scalpers lautet: »You never go broke taking profits.« – »Man geht nie pleite, wenn man Gewinne mitnimmt.«

Da ein Scalper häufig nur von Bruchteilen einer Kursbewegung profitiert und daher eine große Kontraktzahl einsetzt, kann ein einziger Verlust die Gewinne von sorgsam durchgeführten Geschäften eliminieren und somit die wertvolle Arbeit vieler Trading-Tage zerstören. Viele Menschen glauben, große Gewinne kämen von entspannten Trendtrades. Dies stimmt nur bedingt. Es gibt Scalper, die täglich ansehnliche Summen mit ihrem Futures-, Forex- oder Aktientrading verdienen, indem sie nur kleinste Kursbewegungen aus dem Markt »schneiden« (Scalping).

Wie kann das sein? Nehmen wir als Beispiel den Öl-Future. Schauen Sie sich einmal den Ölpreis auf einer kleinen Zeitebene wie dem 5-Minuten-Chart an: Der Ölpreis bewegt sich im Tagesverlauf mehrfach um mindestens 50 Ticks (kleinste Einheit der Kursbewegung in einem Future). Wenn Sie nur mit einem Kontrakt auf einen Dollar Kursbewegung (oder 100 Ticks) intraday spekulieren, verdienen Sie bei einer Kursbewegung im Öl-Future mit nur einem Kontrakt bis zu 1000 Dollar. Hinterlegen müssen Sie dafür meist »nur« zwischen 500 Dollar und 1500 Dollar (Margin – abhängig von Ihrem Broker).

Die Rechnung ist einfach: Angenommen, Sie traden 250 Tage im Jahr, weil Sie gerne auch Urlaub machen. Ihr Trading-Gewinn wäre dann 250.000 Dollar pro Jahr mit nur einem Kontrakt und einer Ein-Dollar-Öl-Futures-Bewegung pro Tag, die Sie »einfangen« können. Kann Trading wirklich so einfach sein? Natürlich nicht. Trotzdem, das Prinzip bleibt erhalten und mit Scalping im Futures-Markt auch realistisch.

Viele »Gurubücher« erwecken den Eindruck, dass man mit nur wenigen Stunden Arbeit pro Woche an der Börse ein Vermögen verdienen kann.

Wir sagen Ihnen: Ja, Sie können ein Vermögen verdienen, aber Sie müssen dafür hart arbeiten. Gerade zu Beginn Ihrer Karriere werden Sie mehr Zeit aufwenden und Sorgen haben, als Sie jemals geglaubt hätten. Sollten Sie dann das Spiel der Spiele meistern, haben Sie es geschafft: Sie arbeiten im besten Job der Welt: Sie sind Ihr eigener Chef, leisten keine unbezahlten Überstunden und erfahren keine ungerechte Bezahlung. Sie werden für Ihre Leistung bezahlt – nicht für Ihre Anwesenheit vor dem Bildschirm.

Chancen und Risiken im Day-Trading

Ihre Möglichkeiten im Day-Trading sind fast unbegrenzt. Wir haben Trader kennen gelernt, die an einem Nachmittag mehrere hunderttausend Dollar verdienen. Trading bringt immer die Gefahr mit sich, einen Totalverlust zu erleiden. Die Börse kann Sie schneller ruinieren, als Sie das Wort Totalverlust aussprechen können; allerdings kann es Ihnen auch gelingen, mit konsequentem Trading und eiserner Disziplin ein Vermögen aufzubauen.

Setzen Sie sich genaue Ziele für Ihr Day-Trading. Finden Sie heraus, ob Day-Trading wirklich das ist, was Sie machen wollen. Wenn es das nicht ist, dann lassen Sie es lieber sein. Wir haben für Sie eine Checkliste bereitgestellt:

- »Lieben« Sie die Märkte? Macht Ihnen Traden Spaß?
- Warum wollen Sie traden?
- Wollen Sie von überall aus arbeiten können?
- Wollen Sie unabhängig sein?
- Sind Sie von der menschlichen Psychologie begeistert?
- Arbeiten Sie gerne mit dem Computer und neuen Technologien?
- Möchten Sie unmittelbar für Ihre Leistungen belohnt oder Ihr Versagen bestraft werden?
- Lernen Sie gerne täglich mehr über sich und die Börse?
- Bringen Sie Spitzenleistungen? Kümmern Sie sich um Ihr soziales Leben? Machen Sie Sport? Lesen Sie gerne?
- Können Sie genügend Zeit investieren (> 6 Stunden/Tag)?
- Können Sie mit dem Stress, den Verluste mit sich bringen, umgehen?
- Was wollen Sie genau mit Ihrem Trading erreichen?
- Warum wollen Sie Trader werden?
- Wie kommen Sie zu Ihrem Ziel?
- Macht es Ihnen Spaß, spät abends, wenn andere den Fernseher einschalten, Tradingblogs zu lesen oder Charts zu studieren? Auch am Wochenende?

Wenn Sie für sich geklärt haben, dass Sie den Weg zum Day-Trader gehen wollen, müssen Sie sich einen Handelsplan erstellen. Ihr Handelsplan ist so etwas wie Ihr Businessplan, in dem Sie sich folgende Fragen stellen sollten:

- Wie viel wollen Sie verdienen?
- Wie viel Zeit haben Sie zur Verfügung?
- Wie viel Kapital haben Sie zur Verfügung?
- Wie finanzieren Sie Ihr Leben in der Lernphase?

Vergessen Sie nie: »Luck always follows the prepared mind!«. – »Das Glück kommt immer zu dem, der gut vorbereitet ist.« Bevor Sie also an der Börse Geld riskieren, muss Ihr Plan vollständig ausgearbeitet sein!

Welche Voraussetzungen brauchen Sie zum Day-Traden/Scalpen?

Wie für jedes Business brauchen Sie bestimmte Ressourcen, um starten zu können.

Um day-traden und scalpen zu können, sind folgende Ressourcen und Tools Voraussetzung:

- ein moderner Computer, bevorzugt mit einem externen Monitor mit mindestens 20 Zoll
- ein ruhiger Arbeitsraum mit schneller Internetverbindung (DSL 6000 oder Ähnliches)
- eine Charting-Software
- ein Broker und genügend Trading-Kapital (> 10.000 Euro)
- eine profitable Trading-Strategie
- eiserner Wille und eine ausdauernde Motivation, das Trading wirklich zu lernen. Bleiben Sie immer offen für Neues und lernen Sie dazu.

Die Zugangsbarrieren zum Trading sind sehr niedrig, mit nur ein paar tausend Dollar lässt sich ein Konto eröffnen, und Sie können handeln. Je nach Markt brauchen Sie eine bestimmte Summe, um vernünftig handeln zu können:

Wie viel Geld ist zum Traden notwendig?

Beim Futures-Trading sind realistischerweise mindestens 5000 bis 10.000 Dollar nötig, um ein Konto bei einem Broker zu eröffnen und genügend Spielraum zum Spekulieren zu haben. Wenn Sie Aktien traden wollen, dann brauchen Sie beim Handel in den USA mindestens 25.000 Dollar auf Ihrem Konto. Das ist per Gesetz vorgeschrieben: Die »Pattern Day Trader Rule« besagt, dass Sie zu jeder Zeit eine Liquidität von mindestens 25.000 Dollar benötigen, um am gleichen Tag Positionen zu öffnen und zu schließen. Der Forexmarkt öffnet Ihnen bei einigen Brokern mit vernünftigen Gebühren schon ab wenigen 100 Dollar die Türe. Wir empfehlen Ihnen, mehr Geld anzusparen, denn Sie können nicht erwarten, sofort Gewinne zu machen. Sie brauchen ein Sicherheitspolster, damit Ihnen nicht das Geld ausgeht, wenn Sie kurz davor sind, profitabel zu handeln. Wenn Sie nicht das nötige Geld haben, versuchen Sie, die nötige Summe anzusparen, und eröffnen Sie in der Zwischenzeit ein Demo-Konto, um für das echte Trading zu trainieren. Versuchen Sie, Ihre Trading-Fähigkeiten zu verbessern und mehr über das Trading zu lernen, bevor Sie Ihr hart verdientes Geld einem Risiko aussetzen.

Der Broker – Ihr wichtigster Geschäftspartner

Ihr wichtigster Geschäftspartner ist Ihr Broker, und er muss ebenso schnell und zuverlässig sein. Wenn Sie schnelle Trades machen, muss Ihr Broker Leistung bringen. Wenn Sie lange auf Ihre Orderausführung warten, obwohl Ihre Order schon lange ausgeführt worden sein sollte, kann Sie das sehr teuer kommen! Lassen Sie keine falsche Bescheidenheit walten, und wechseln Sie Ihren Broker wie Ihre Unterhose, wenn Sie merken, dass zu häufig technische Probleme auftauchen oder die Kosten zu hoch sind. Durchsuchen Sie das Internet nach attraktiven Brokern, und lesen Sie Rezensionen, um stets den besten Partner zu finden. Am besten testen Sie mehrere Demo-Konten und finden so heraus, wo Sie sich am wohlsten fühlen. Wir persönlich stehen in Deutschland zu WH-Selfinvest für Swing- und Futures-Trading.

Kosten

Trading ist ein Geschäft, und Sie müssen zusehen, dass Sie Ihre Kosten so gering wie möglich halten. Besonders beim Scalping und Day-Trading ist dieser Punkt von sehr großer Bedeutung! Wenn Sie mit CFDs, Aktien oder ETFs Positionstrading oder Swingtrading betreiben, beeinflussen Sie die Kosten nicht so stark wie beim Day-Traden. Als wir am Anfang unserer aktiven Day-Trading-Karriere standen, haben wir beide einen großen Fehler gemacht: Nachdem unser Swingtrading und Positionstrading konstant profitabel lief, entschieden wir uns dazu, immer mehr Intraday-Positionen zu traden. Damals handelten wir bei den gängigsten CFD-Brokern Deutschlands und waren, weil wir nichts anderes kannten, recht zufrieden. Nach einiger Zeit bemerkten wir, dass sich unser Konto nicht weiterentwickelte, wobei wir eigentlich der Meinung waren, viele gute Intraday-Trades zu erwischen. Nach ein paar Monaten untersuchten wir unsere Trades und analysierten unsere Performance. Wir kamen zu einem schrecklichen Ergebnis: Um alleine unsere Gebühren (Spread bei CFDs, Provisionen und Gebühren) zu decken, müssten wir rund 100 Prozent Performance pro Jahr liefern! Wir hatten den falschen Broker für das Day-Traden gewählt, und die Gebühren haben unsere Gewinne aufgefressen. Rechnen Sie für sich nach: Wenn jeder Trade 5 Euro Gebühren kostet und 10 Euro für einen schlechten (großen) Spread bei CFDs anfallen und Sie pro Tag 10 Trades machen, kommen Sie in einem Jahr auf rund 37.500 Euro (15 Euro mal 250 Handelstage mal 10 Trades pro Tag), die für Ihren Broker anfallen! Hätten Sie das gedacht? Und es geht noch weiter:

Bei CFDs sind hier noch nicht einmal die oft schlechten Ausführungskurse mit einberechnet. Haben Sie es schon erlebt, dass bei Positionseröffnung Ihr Ticket blinkt und Ihnen sagt »Order wird bearbeitet« oder »Warten auf Ausführung«? Sobald die Position ausgeführt wird, sind Sie mit einem immens schlechten Kurs in den Trade gekommen und sofort mehrere Euro hinten, obwohl der Trade noch gar nicht wirklich anlief. Wenn Sie CFDs langfristig traden, machen diese sogenannten Slippage-Kosten nicht so viel aus, allerdings beeinflussen sie Ihre Performance erheblich, wenn Sie kurzfristig traden. Achten Sie auf Ihre Kostenstruktur beim Day-Trading/Scalping! Futures bieten in der Regel die günstigsten Kosten. Mit rund 3 bis 5 Dollar pro Halfturn sind Sie dabei, und der Spread ist viel kleiner und die Ausführung um Welten besser. Vereinzelt finden Sie auch Broker, die Ihnen DMA (Direct Market Access) zu Aktien mit günstigen Kosten bieten. CFDs eignen sich sehr gut für langfristige Engagements an den Märkten – für kurzfristiges Trading sind sie ungeeignet.

Charting-Software

Die richtige Charting-Software auszuwählen, ist eine persönliche Angelegenheit. Es gibt jedoch leistungsstarke Tools, die Ihnen einiges an Kosten sparen können und eine ähnliche Leistung bringen wie zu bezahlende Datenlieferanten.

Ein Beispiel sind die Websites www.freestockcharts.com, www.finviz.com oder auch stockcharts.com. Dort können Sie sehr effektiv Ihre Charts verwalten, Screenings durchführen, Alarme setzen und Chartanalysen durchführen.

Als kurzfristiger Trader/Scalper sind Sie allerdings auf eine zuverlässige Lieferung von sauberen Kursdaten für unter anderem den Tick-Chart angewiesen. Suchen Sie im Internet nach entsprechender Software und einem Broker, der Ihnen auch Tick-Daten liefert. Mittlerweile gibt es auch einige sehr attraktive Chartpakete, die gratis direkt über den Broker angeboten werden. Vergleichen Sie gut. Sie sollten im Monat nicht mehr als 50 Euro für Ihre Datenlieferung bezahlen. Einige Anregungen finden Sie im Anhang dieses Buches.

»www.freestockcharts.com bietet eine verlässliche, kostenlose Charting-Plattform für das ›Big Picture‹ an«

Trading-Instrumente und Märkte im Überblick

An den Finanzmärkten können Sie eine Fülle an Wertpapieren handeln. Auf den nächsten Seiten finden Sie einen Überblick der wichtigsten Märkte. Ein Wertpapier ist ein Vertrag, der Ihnen das Eigentumsrecht an einem Asset, wie zum Beispiel einer Aktie oder einer Anleihe, einräumt. Derivate hingegen sind Finanzinstrumente, deren Wert von den Kursen oder Preisen anderer Handelsgüter (zum Beispiel Rohstoffe) und Vermögensgegenstände (Wertpapiere wie zum Beispiel Aktien oder Anleihen) oder von marktbezogenen Referenzgrößen (Zinssätze, Indizes) abhängt. Der Handel von Optionen eignet sich ebenfalls zum kurzfristigen Trading. Trading mit Optionen zu erläutern würde den Umfang dieses Buches deutlich sprengen. Aktien werden pro Aktienpreis im Kursverlauf dargestellt und werden häufig in sogenannten »Lots« gehandelt. Ein »Lot« besteht aus einer bestimmten Anzahl von Aktien (zum Beispiel 100).

Aktienkurse werden mit Bids und Asks quotiert. Der Bid-Kurs ist der Kurs, zu dem der Broker die Aktie von Ihnen kauft, wenn Sie verkaufen. Der Ask-Kurs ist der Kurs, den der Broker von Ihnen verlangt, wenn Sie derjenige sind, der kauft. Der Broker macht seinen Profit durch die Provisionen und den Spread (Differenz zwischen Bid- und Ask-Kurs).

Der Spread ist abhängig von den gehandelten Instrumenten. Bei Derivatebrokern oder im OTC-Markt können Ihnen übertrieben große Spread-Abstände in Rechnung gestellt werden. Vergleichen Sie gut, wie teuer diese »versteckten« Kosten der Broker sind, bevor Sie ein Konto eröffnen. Die meisten Broker verlangen zu hohe Gebühren. Machen Sie sich daher ein objektives Bild von Ihren Bedürfnissen. Als Day-Trader werden Sie höchstwahrscheinlich mit CFDs unprofitabel handeln. Mit einem DMA-Broker, der keine Mindestgebühr für das Orderticket verlangt, werden Sie hingegen Ihre Gewinne vergrößern können.

Der Aktienmarkt

Die meisten Day-Trader fokussieren sich auf die US-Märkte. Für das Day-Trading von Aktien eignen sich in der Regel Werte des NASDAQ (elektronische US-Börse) und der NYSE (New York Stock Exchange). Aktienscalping ist bei den meisten Brokern die teuerste Alternative. Auch die Liquidität und Auswahlmöglichkeit der Aktien ist breit: Alleine in den USA finden Sie über 3000 Aktien mit einem täglichen Umsatz von mehr als 3.000.000 Aktien. Der Vorteil im Aktien-Day-Trading liegt unter anderem darin, dass Sie beim NASDAQ Einsicht in das Orderbuch nehmen können. Sie sehen die einzelnen ECNs (Electronic Communication Networks) und können hier durch das Tape-Reading (Level 2, Times-&-Sales-Liste, Inside Market) besonders hilfreiche Informationen über Käufer und Verkäufer erlangen.

Der Futures-Markt

Ein Future (auch Börsen- oder Terminkontrakt) ist ein verbindlicher Börsenvertrag zwischen zwei Parteien, eine Art von börsengehandelten Termingeschäften. Futures sind standardisierte Kontrakte. Dies ermöglicht einen transparenten Handel, geringe Handelskosten und einen leichten Marktzugang. Sowohl Käufer wie Verkäufer haben Rechte und Pflichten. Beide Vertragspartner müssen eine Vorschusszahlung leisten (Marginleistung). Sie beträgt nur einen Bruchteil des Kontraktwertes – z. B. 5 Prozent des Kontraktwertes oder auch einen fixen Betrag – und kann je nach vorherrschender Volatilität nach oben oder unten korrigiert werden. Das Futures-Trading ermöglicht es Ihnen, einen riesigen Hebel einzusetzen. Nur 500 Dollar reichen aus, um einen S-&-P-500-Future-Kontrakt über 75.000 Dollar zu handeln.

Der Futures-Markt (vor allem die Haupthandelsinstrumente) ist sehr liquide: Ungefähr 2.500.000 Kontrakte werden alleine im S-&-P-500-Futures-Markt täglich getradet. Derivate wie Optionen und Futures werden an einer eigenen Börse gehandelt. Traditionell werden Termingeschäfte an physischen Börsen mit Papieren gehandelt. Die sogenannten Floor Trader tauschen hier die Wertpapiere im »Pit« aus und betreiben den echten Handel an der Terminbörse. Heutzutage wird diese Methode des sogenannten »Open Outrcy« durch elektronischen Computerhandel ersetzt. Der »Pit« kann für den geübten Scalper auch eine wichtige Quelle des Sentiments und der Ordererfassung darstellen. Es gibt US-Broker, die Ihnen die Möglichkeit bieten, per Audio dem Handel im Pit zuzuhören. Der größte Optionsmarktplatz in den USA ist die CBOE (Chicago Board of Options Exchange). Die CBOT (Chicago Board of Trade) hingegen ist das Zentrum des Agriculture-Future-Tradings. Neben der CBOT ist auch noch die CME (Chicago Mercantile Exchange) zu nennen, welche ebenfalls wichtige Futures zum Handel anbietet. Darunter befinden sich Währungs-Futures, Zins-Futures, S-&-P-500- und NASDAQ-Futures. In New York gibt es ebenfalls wichtige Terminmarktbörsen: die NYBOT (New York Board of Trade) sowie die NYMEX (New York Mercantile Exchange). Die NYMEX gilt als die größte Metallrohstoffbörse der USA.

Wenn Sie Futures traden, haben Sie den Vorteil, dass Sie in den meisten Fällen nur sehr geringe Margin-Forderungen leisten müssen. Mithilfe des Leveraging (Hebelwirkung) können Sie mit nur kleinen Cent-Bewegungen im Future große Gewinne erwirtschaften. Im Anhang finden Sie eine genaue Auflistung der wichtigsten Futures mit ihren Kürzeln, Öffnungszeiten und Handelsplatz sowie den Monatskürzeln für die verschiedenen Kontrakte. Da Futures-Kontrakte Terminkontrakte sind, laufen jeden Monat Futures-Kontrakte aus, und Sie werden durch einen für den nächsten Monat handelbaren Kontrakt ersetzt. Im Folgenden können Sie sich einen kurzen Überblick über die wichtigsten Futures verschaffen:

Wichtige Futures:

1. S&P 500 Futures mit dem Kürzel »/ES«
2. NASDAQ Future: /NQ
3. Russel Futures: /TF
4. Euro/US-Dollar Future: /6e
5. Zins-Future (Bund oder 30 Year Treasury in den USA): /ZB
6. Öl-Future: /CL

Der Währungsmarkt

Der Währungsmarkt ist der größte Markt der Welt. In den letzten Jahren ist das tägliche Transaktionsvolumen über 2 Billionen angestiegen. Jeden Tag wechseln Billionenbeträge an Währungen im Forexmarkt den Besitzer. Der Währungsmarkt ist größer als sder Anleihen- und Aktienmarkt der USA zusammen. Jeden Tag bieten Währungsschwankungen für den Day-Trader Chancen, Geld zu verdienen. Beachten Sie, dass Sie im Währungshandel immer Käufer und Verkäufer einer Währung gleichzeitig sind. Wechselkurse werden anhand der Bid-Ask-Basis quotiert, genauso wie Aktien und Anleihen. Ein Beispiel:

EUR/USD = × 1,4236 für den Bid und 1,4240 für das Offer

Das heißt, dass Sie für den Tausch von einem Euro mehr US-Dollar bekommen. In diesem Fall genau 1,4236. Der Bid-Kurs von 1,4236 ist die Summe an US-Dollar, die Sie bekommen, wenn Sie einen Euro verkaufen und Dollar kaufen wollen. Der Ask-Kurs von 1,4240 ist die Summe an US-Dollar, die der Händler Ihnen abverlangen würde, wenn Sie Euro kaufen und US-Dollar verkaufen wollen. Die Differenz ist der »Spread«, der als Provision für den Broker zu entrichten ist.

Währungen können direkt über den Spotmarkt gehandelt werden oder auch mithilfe von Währungs-Futures. Währungen eignen sich genauso wie andere Futures zum Scalpen. Der Grund hierfür sind in erster Linie die geringen Kosten, die Liquidität und die ausgeprägten Intradaytrends. Viele Broker werben mit Sprüchen wie »Keine Provisionen und gratis Charts und Kursdaten«. Seien Sie skeptisch. Sie zahlen zumindest immer den Spread, also die Differenz zwischen Ankaufs- und Verkaufskurs. Diese Differenz wird häufig unterschätzt und besonders bei CFDs müssen Sie hier höllisch aufpassen.

Hier sind die wichtigsten Währungspaare:

1. U.S.-Dollar (USD)
2. Japanische Yen (JPY)

3. Britische Pfund (GBP)
4. Schweizer Franken (CHF)
5. Euro (EUR)
6. Australischer Dollar (AUD)
7. Neuseeländischer Dollar (NZD)
8. Kanadischer Dollar (CAD)

Die am häufigsten gehandelten Paare: EUR/USD , USD/JPY und GBP/USD

simplified

Teil 2: Die Handelsstrategie. Mythos und Realität

Als Scalper brauchen Sie wie auch als Swing-Trader eine Handelsstrategie, mit der Sie auf kurzfristigen Zeitebenen von kleinen Trends profitieren können. Grundsätzlich gibt es zwei Typen von Handelssystemen:

> Diskretionäre Handelssysteme: Das System generiert ein Handelssignal, basierend auf Ihren Variablen. Die Umsetzung liegt in Ihrer Hand.
> Automatisierte Handelssysteme: Das System ist computerbasiert. Der Rechner trifft die Handelsentscheidung nach Ihren Vorgaben und führt die Trades selbstständig aus. Der Vorteil des Computerhandels ist, dass Emotionen und damit Trading-Fehler weitestgehend ausgeschaltet werden.

Dann gibt es noch eine zweite Unterscheidungsmöglichkeit, wie das Trading-System mit Trends umgeht:

> Trendfolgend: Ein- und Ausstiege werden in bereits bestehenden Trends gefunden.
> Gegentrend (Antitrend-System): Trades werden hier an Wendepunkten gegen die Trendrichtung eingegangen.

Jedes Trading-System hat seine Vor- und Nachteile und ist nur in bestimmten Marktphasen dem jeweils anderen System überlegen. Als Trader sollten Sie langfristig mehrere Systeme zu nutzen wissen, um für verschiedene Marktphasen bestmöglich aufgestellt zu sein! Seien Sie sich immer bewusst, dass jedes System Verluste produziert und kein System »perfekt« ist. Systemschwächen und -stärken sollten Sie kennen und nutzen lernen. Für das Scalping können kurzfristige Trendfolgesysteme genauso profitabel eingesetzt werden wie Antitrend-Systeme.

Trendfolgesysteme basieren meist auf einfachen Indikatoren, den gleitenden Durchschnitten, häufig aus einem »schnellen« und einem »langsamen« gleitenden Durchschnitt. Solange die gleitenden Durchschnitte eine konstante Richtung auf einer Zeitebene anzeigen, können Sie davon ausgehen, dass ein Trend vorliegt.

Short-Selling simplified

Normalerweise versuchen Trader, am Tief zu kaufen und am Hoch zu verkaufen. Doch sogar in einer guten Wirtschaftslage oder in einem Boom können Wertpapiere intraday hohe Kursverluste erleiden. Eine Firma mag schlecht geführt werden oder ein Produkt verkauft sich zu schlecht – es gibt tausend Gründe für einen Kursverlust. Schauen Sie in die Medien, und Sie werden hunderte Journalisten finden, die im Nachhinein die Gründe für die Kursbewegung erklären. Das Beste am Short-Selling ist jedoch die Geschwindigkeit, mit der die Kurse fallen. Angst treibt die Anleger dazu, schneller zu verkaufen, als auf der anderen Seite die Gier zum Kaufen animiert. Generell ist es einfach, Short-Selling zu betreiben – Ihr Broker bietet Ihnen die Funktion, Titel leerzuverkaufen.

Beachten Sie Regulierungen wie zum Beispiel die »Uptick-Rule«. Diese Regulierung erlaubt es Händlern nur dann, leerzuverkaufen, wenn der letzte Kurstick nach oben war. Man kann keine Aktien shorten, die nur abwärts ticken. Im Futures-Markt können Sie problemlos leerverkaufen. Im Aktienmarkt hingegen kommt es nicht selten vor, dass keine Aktien zum Leihen zu finden sind und ein Titel somit »hard to borrow – HTB« ist. In diesem Fall müssen Sie Ihren Broker kontaktieren und um die Reservierung von Shorts bitten.

Short-Selling gehört genauso wie das Kaufen von Titeln ins Arsenal eines jeden Traders. Im Trading-Verlauf müssen Sie Ihre Signale wie ein unemotionaler Roboter traden – in beide Richtungen.

Short-Interest

Der Short-Interest einer Aktie sagt aus, wie viele Aktien eines Titels von Tradern leerverkauft und noch nicht zurückgekauft wurden. Je höher der Short-Interest ist, desto mehr Leute traden die Aktie auf der Short-Seite. Titel mit einem hohen Short-Interest sind in Bullenmärkten besonders gute Long-Kandidaten. Steigt einmal der Kurs einer solchen Aktie, werden die Leerverkäufer schnell ängstlich und müssen in einer Rallye ihre Aktien zurückkaufen, um keine größeren Verluste zu erleiden. Das Zurückkaufen der Aktien katalysiert den Trend noch weiter, und so lassen sich profitable Kursanstiege traden. Achten Sie daher immer auch auf den Short-Interest bei Ihrer Aktienauswahl. Je höher (> 10 Prozent), desto besser, wenn Sie von steigenden Kursen ausgehen.

Index	S&P 500	P/E	27.04	EPS (ttm)	1.32	Insider Own	1.27%	Shs Outstand	88.21M	Perf Week	-0.83%
Market Cap	3.15B	Forward P/E	14.39	EPS next Y	2.48	Insider Trans	1.82%	Shs Float	87.09M	Perf Month	-9.26%
Income	117.90M	PEG	1.48	EPS next Q	0.48	Inst Own	-	Short Float	12.21%	Perf Quarter	6.35%
Sales	3.12B	P/S	1.01	EPS this Y	-74.18%	Inst Trans	-0.97%	Short Ratio	2.72	Perf Half Y	-17.00%
Book/sh	20.62	P/B	1.73	EPS next Y	43.53%	ROA	4.29%	Target Price	44.18	Perf Year	17.44%
Cash/sh	6.96	P/C	5.13	EPS next 5Y	18.27%	ROE	6.62%	52W Range	28.21 - 50.62	Perf YTD	3.96%
Dividend	0.70	P/FCF	-	EPS past 5Y	-17.09%	ROI	5.20%	52W High	-29.49%	Beta	1.63
Dividend %	1.96%	Quick Ratio	1.62	Sales past 5Y	7.70%	Gross Margin	63.86%	52W Low	26.53%	ATR	1.55
Employees	9000	Current Ratio	2.55	Sales Q/Q	17.04%	Oper. Margin	4.86%	RSI (14)	48.33	Volatility	3.78% 3.72%
Optionable	Yes	Debt/Eq	0.04	EPS Q/Q	333.79%	Profit Margin	3.77%	Rel Volume	1.01	Prev Close	35.16
Shortable	Yes	LT Debt/Eq	0.04	Earnings	Aug 17 BMO	Payout	52.30%	Avg Volume	3.91M	Price	35.69
Recom	2.30	SMA20	-2.02%	SMA50	0.78%	SMA200	-4.79%	Volume	3,971,332	Change	1.51%

»Short-Interest in Dollar: ANF«, Quelle: Finviz.com

Leverage – der Hebel

Der Hebel bezeichnet die Spekulation mithilfe von Fremdkapital. Dadurch erhöhen sich das Gesamtkapital sowie das Risiko und die Eigenkapitalrendite. Der Leverage (Hebel) gibt Ihnen die Möglichkeit, im Intraday-Trading mit Cent-Bewegungen mit einem gering kapitalisierten Konto erhebliche Gewinne zu erwirtschaften. Die Herausforderung im Trading ist es, die Macht des Hebels oder auch des Fremdkapitals verantwortungsvoll und klug einzusetzen. Der Hebel, der durch einen Margin-Kauf entsteht, wirkt immer in beide Richtungen. Bei einem Hebel von 100 könnte man bei einer Kursveränderung des Basiswertes um 1 Prozent einen Gewinn i. H. von 100 Prozent (1 Prozent x Hebel), also eine Verdopplung seines eingesetzten Kapitals, erzielen, wogegen eine Kursbewegung in die entgegengesetzte Richtung einem Totalverlust entspricht. Also passen Sie gut auf, wie hoch Sie Ihren Hebel setzen. Wenn Sie mit einem Hebel von 10 unterwegs sind und ein Depot von 10.000 Euro haben, dann bewegen Sie satte 100.000 Euro. Wichtig ist zu wissen, dass Sie mit dem Hebeln Ihrer Positionen meistens auch Ihre Emotionen hebeln, und Ihre Emotionen sind Ihr Feind beim Trading. Seien Sie vorsichtig!

So berechnen Sie den Hebel: Hebel = Gesamtkapital/Eigenkapital

Da kann schnell ein hoher Verlust entstehen, wenn es gegen Sie läuft. Im Intraday-Trading kommen Sie nicht ohne Hebel aus, außer Sie haben ein Konto mit mehreren hunderttausend Euro. Aus diesem Grund ist es essentiell, Verluste im Intraday-Trading klein zu halten. Es darf Ihnen nicht passieren, dass Sie an einem Verlierer festhalten und er innerhalb von kürzester Zeit Ihr Konto plattfährt. Wenn es gegen Sie läuft und Sie fast alles verloren haben, gibt es wie beim Futures-Handel zwei Möglichkeiten für Sie: Entweder Sie schießen neue Mittel als Sicherheit nach, oder Sie schließen die Position. Unterschreitet das eingezahlte Kapital gewisse Grenzen, wird die Position teilweise »glattgestellt«. »Glattstellen« bedeutet das Eingehen der Gegenposition; wenn Sie daher long sind und auf steigende Kurse setzen, können Sie diese Position auflösen beziehungsweise beenden, indem Sie eine Short-Position eingehen oder die Position einfach verkaufen. Wenn Sie short sind, funktioniert es genau umgekehrt. Das Risiko, mehr Geld zu verlieren, als eingesetzt wurde, besteht im Intraday-Trading kaum, da bei einem Unterschreiten der Margingrenze in der Regel alle Positionen von Ihrem Broker glattgestellt werden. Ein Glattstellen kann vermieden werden, wenn Sie zusätzliches Kapital nachschießen und so die an die Margin gebundene Mindestschwelle wieder erhöht wird.

In der Regel bringt das Leveraging zwei Gefahren mit sich:

> Sie verlieren sehr schnell sehr viel Kapital
> Sie verlieren die Nerven

Meistens verlieren Sie zuerst die Nerven und dann Ihr Kapital.

Top-down-Analysen und Sektor-Performance

Als Day-Trader agieren Sie auf den kurzfristigsten Zeitebenen der Finanzmärkte. Nichtsdestoweniger müssen Sie das übergeordnete Bild des Marktes im Kopf haben, damit Sie die kurzfristigen Trends in einen sinnvollen Kontext setzen können. Sie müssen sich von den übergordneten Zeitebenen in die untergeordneten einarbeiten. Ein Beispiel: Sie scalpen den Öl-Future am 512-Tick-Chart in die Long-Richtung. Nachdem der Trade zunächst für Sie läuft, lässt langsam das Momentum nach und Sie bekommen einen Alarm auf den Bildschirm, der Ihnen sagt »Widerstand am Tageschart überschritten nach Run-up bei 83,50 Dollar«. Aufgrund dieser Informationen denken Sie nun darüber nach, Ihre Position zu schließen. Nach einigen Minuten legt der Öl-Future eine bedeutende Korrektur hin, und Sie konnten rechtzeitig Ihre Gewinne sichern. Hätten Sie keine Top-down-Analyse erstellt, hätten Sie vielleicht nicht erkannt, dass es Zeit ist, Gewinne zu sichern, weil die übergeordnete Zeitebene auf eine Umkehr deutet.

Die Top-down-Analyse bezieht sich sowohl auf die zu betrachtende Zeitebene als auch auf die Branchen. Eine Veranschaulichung finden Sie in folgenden Bildern:

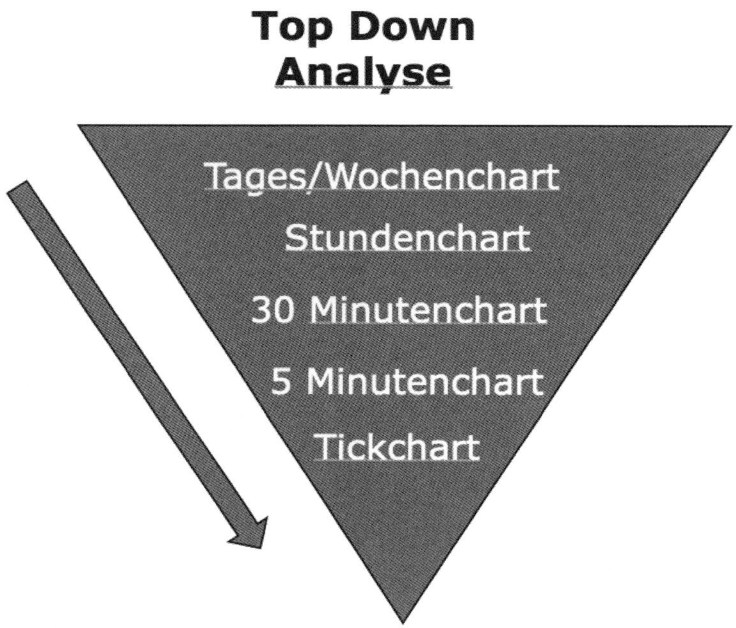

»Top-down-Analyse der Charts«, Quelle: www.daytrading.de

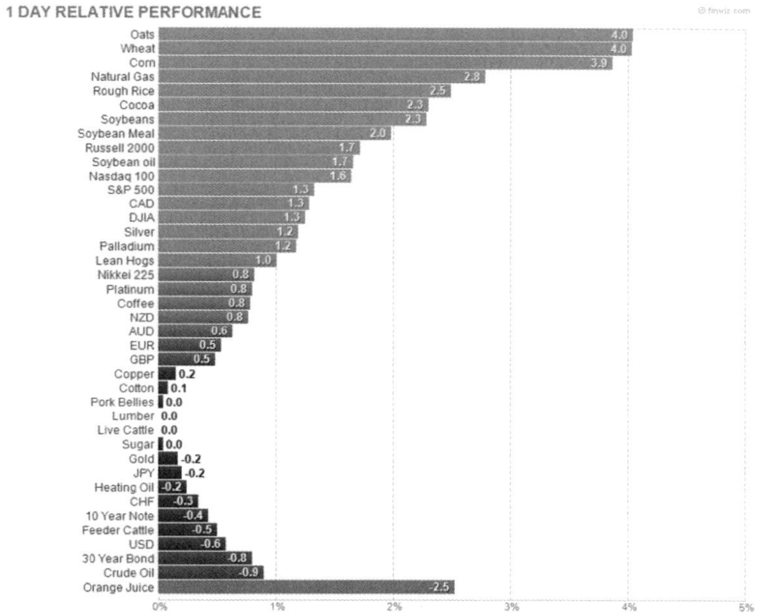

»Übersicht der Performance der Asset-Klassen«, Quelle: Finviz.com

Sie sehen wichtige Sektoren und Einzeltitel im Vergleich. Um ein Verständnis für die Marktzusammenhänge, Korrelationen und das Verhalten der Big Player zu bekommen, eignen sich Sektor-ETFs sowie Indizes:

Einige Beispiele sind: Bankenindex, Versicherungsindex, Gold-Index, Öl-Index, S-&-P-Retail-Aktien-Index, Euro Futures, Biotechnologieindex

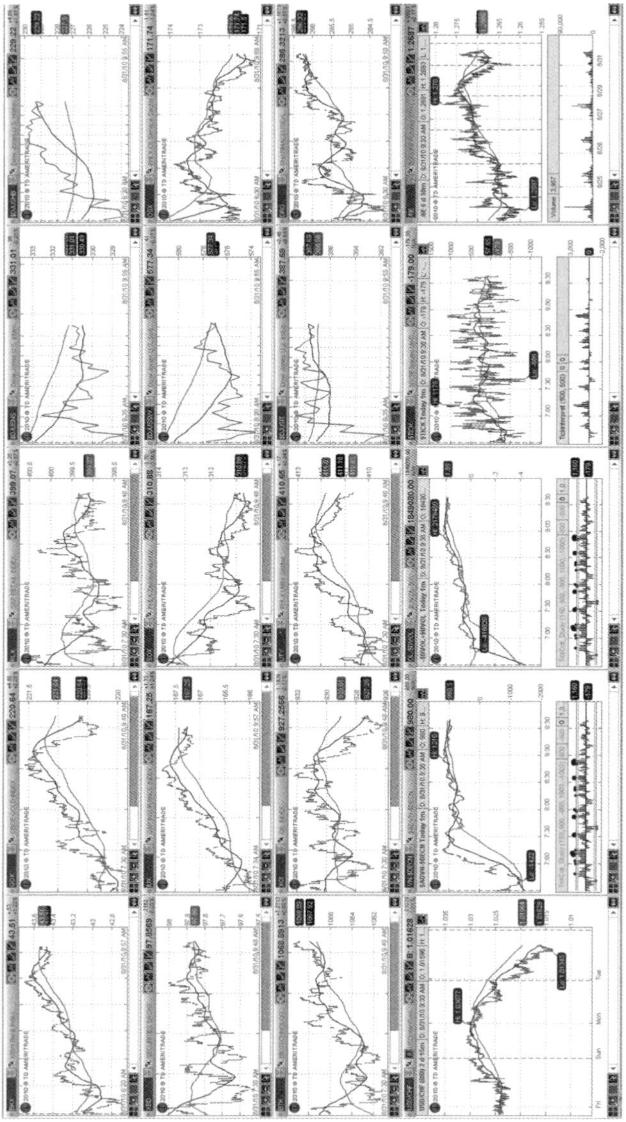

»Sektoren und Market Internals im Überblick«, Quelle: Thinkorswim

Ebenfalls ist es für Sie als Day-Trader wichtig, die Korrelationen der verschiedensten Assets zu berücksichtigen. Daraus können Sie ebenfalls Muster erkennen, die Sie zum Day-Traden verwenden können. Beispiel: Öl steigt, also steigt kurz darauf der Euro. Diese Korrelationen werden sich ständig ändern, und Sie müssen versuchen, das aktuelle Verhalten im Markt zu erkennen. Sobald Sie wiederkehrende Korrelationen oder Divergenzen im Markt erkennen, dann nützen Sie diese so lange aus, wie es geht.

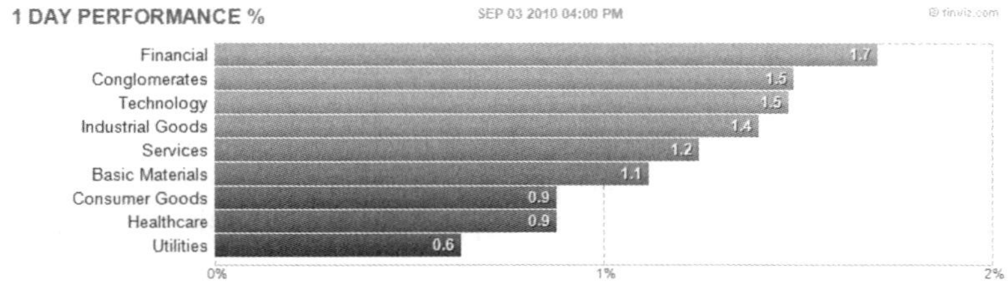

»Sektor-Performance«, Quelle: Finviz.com

Technische Analyse

»Ein Bild sagt mehr als tausend Worte«
deutsches Sprichwort

Die Technische Analyse ist die wohl wichtigste Analysemethode des kurzfristigen Traders. In der Technischen Analyse geht man davon aus, dass es wiederkehrende, beobachtbare Ereignisse mit jeweils ähnlichen wahrscheinlichen Zukunftsverläufen gibt. Ziel ist es, diese Muster oder rein statistische, quantitative Indikatoren als »Richtungsanzeiger« zu verwenden. Grundsätzlich geht man davon aus, dass Wertpapiere in Trends laufen und die Geschichte sich wiederholt. Der Markt wird von Gier und Angst getrieben und nicht nur von Angebot und Nachfrage. Ja, wenn es mehr Nachfrage als Angebot am Markt gibt, dann steigt der Preis. Allerdings passiert das unabhängig von der realwirtschaftlichen Angebots- und Nachfragesituation. Kurz gesagt: Die Marktbewegung diskontiert alles!

Im Lauf der Zeit haben wir viele Trader gesehen, die jahrelang versuchen, mithilfe von Technischen Indikatoren eine Methode zu entwickeln, die für Sie konstant profitabel funktioniert. Die Technische Analyse allein wird Ihnen niemals einen Vorteil verschaffen. Besonders nicht, wenn Sie mit simplen Tools und schlechter Datenqualität arbeiten, wie es bei vielen Derivatebrokern der Fall ist. Nur weil sich Trendlinien zeichnen lassen, Chartformationen wie zum Beispiel Schulter – Kopf – Schulter entstehen oder gar gleitende Durchschnitte sich kreuzen, lässt sich daraus kein profitables Handelssystem entwickeln. Diese Zeiten sind lange vorbei.

Trotzdem hält sich der Irrglaube, und es ist erstaunlich, wie viele Leute Zeit und Geld in die Entwicklung des perfekten Handelssystems investieren. Ein befreundeter US-Trader kommentierte unlängst einen Chart, den ein Bekannter ihm zugesendet hatte: »Je mehr Linien du in den Chart malst, desto wahrscheinlicher wird es, dass irgendeine davon ein Signal produziert – leider immer nur in der Vergangenheit!« In der Technischen Analyse geht es nicht darum, Muster auswendig zu lernen. Es geht darum, die Motivation und das Verhalten der anderen Marktteilnehmer zu verstehen, damit Sie die nächste Bewegung antizipieren können. Technische Analyse hilft Ihnen dabei, Klarheit darüber zu bekommen, wie sich Angebot und Nachfrage am Markt entfalten. Ein Chart erlaubt es, kollektiv alle Aktionen der Marktteilnehmer in einem Bild zusammenzufassen. Das zyklische Kaufen und Verkaufen in Märkten, Sektoren und Einzeltiteln wird immer ähnlich bleiben, da sich das Verhalten des Menschen nicht schlagartig ändert. Der Kurs bildet immer die aktuelle Angebots- und Nachfragesituation ab. Vergessen Sie nie, dass ein Wertpapier immer deshalb steigt, weil es ein Ungleichgewicht zwischen Angebot und Nachfrage gibt. Mit der Technischen Analyse können Sie dem Geldfluss der großen Trader folgen. Der Wert liegt nicht darin, jede Bewegung prognostizieren zu können, sondern Kursbewegungen zu verstehen. Verschließen Sie nie Ihre Augen vor neuen Methoden der Kursanalyse.

Trotzdem sind Technische Analyse und Indikatoren wertvolle Werkzeuge, die, richtig eingesetzt, Analysearbeit ersparen oder gar helfen können, das Trading zu erleichtern. Grundsätzlich gibt es drei Möglichkeiten, wie sich Wertpapiere technisch verhalten können. Um diese Trends zu visualisieren, können Sie Trendlinien in den Chart zeichnen.

Trendlinien sind simple, aber sehr hilfreiche Tools, um die Trendrichtung des Marktes zu definieren. Eine Aufwärtslinie wird gezogen, indem mindestens zwei Punkte höher als die ersten miteinander verbunden werden. In einem Aufwärtstrend müssen Sie versuchen, an der oberen Begrenzung der Linie zu verkaufen und an der unteren Linie zu kaufen. Die Fortsetzung der Linie hilft dabei, den möglichen zukünftigen Kursverlauf zu antizipieren. Je öfter eine Trendlinie getestet wurde, desto bedeutender ist sie.

> Aufwärtstrend

Von einem reinen Aufwärtstrend spricht man, wenn jedes Hoch einer folgenden Kerze (siehe Candlestick) höher ist als das jeweilige Hoch der vorhergehenden Kerze und jedes Tief einer folgenden Kerze höher ist als das jeweilige Tief der vorhergehenden Kerze. Der Trend gilt als intakt, solange ein relatives Tief nicht durch ein neues Tief der nachfolgenden Kerze nach unten durchbrochen ist.

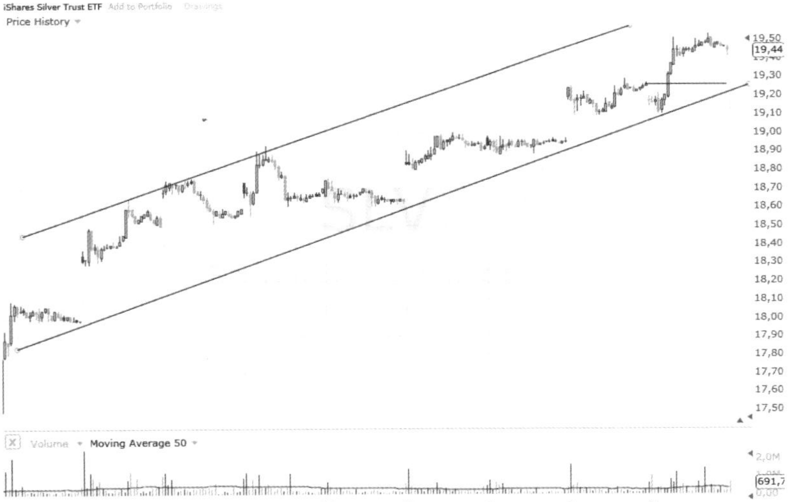

»SLV (SILBER ETF) Aufwärtstrend«, Quelle: www.freestockcharts.com

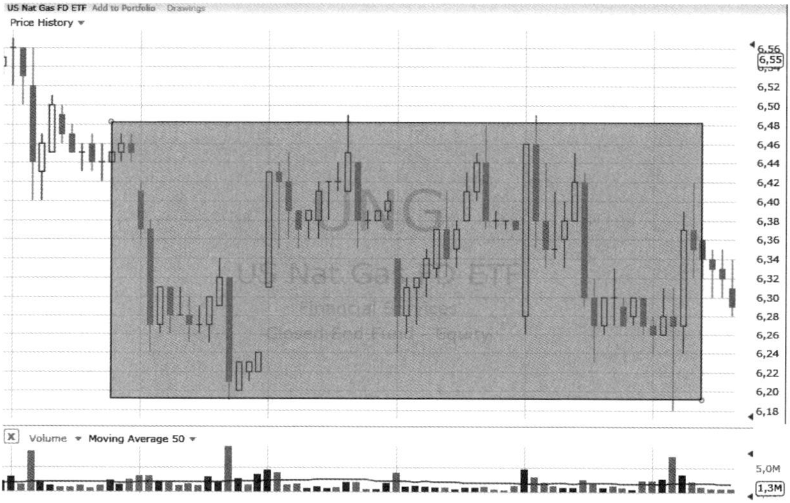

»UNG (Natural Gas ETF) Seitwärtsphase«, Quelle: www.freestockcharts.com

> Abwärtstrend

Von einem reinen Abwärtstrend spricht man, falls in einer Gruppe von Kerzen jedes Hoch einer folgenden Kerze tiefer ist als das jeweilige Hoch der vorhergehenden Kerze und jedes Tief einer folgenden Kerze tiefer ist als das jeweilige Tief der vorhergehenden Kerze. Der Trend wird durch das Überschreiten eines vorherigen Hochs gebrochen.

»SPY (S&P 500 ETF) Abwärtstrend«, Quelle: www.freestockcharts.com

Charttypen

Kurse können auf verschiedenste Arten dargestellt werden. Am häufigsten findet man:

> Liniencharts
> Candlestickcharts
> Balkencharts

Am beliebtesten unter Day-Tradern sind Candlestickcharts (Kerzencharts). Besonders wichtig sind für den Scalper auch die Tick-Charts. Tick-Charts haben eine nichtlineare Zeitachse, weil sich pro Zeiteinheit unterschiedlich viele Ticks ergeben, je nachdem wie oft ein Wertpapier in der jeweiligen Zeiteinheit gehandelt wird.

Gängige Chartaggregationen für den Day-Trader:

> Stundenchart
> 15-Minuten-Chart
> 5-Minuten-Chart
> 1-Minuten-Chart
> 512-Tick-Chart
> 233-Tick-Chart
> 133-Tick-Chart

Unterstützung und Widerstand (Support & Resistance)

Unterstützung und Widerstand gehören zu den wichtigsten Kapiteln der Technischen Analyse, denn besonders als kurzfristiger Trader werden Sie täglich mehrfach diese wichtigen Chartmarken für sich nutzbar machen und nutzbar machen müssen! Im Grunde ist es Ihre Aufgabe, herauszufinden, wann Käufer oder Verkäufer die Kontrolle übernehmen, um sich dann an deren Fersen zu heften. Es geht nicht darum, zu raten, ob ein Kursniveau den Kursverfall zum Halten bringt, sondern darum, dass Sie an diesen Chartmarken besonders darauf achten, wie Käufer und Verkäufer sich verhalten.

»Support and Resistance« kurz »S & R«, wie Unterstützung und Widerstand auch genannt werden, helfen Ihnen auf allen Zeitebenen, potentielle Wendepunkte für Kursbewegungen auszumachen. S & R sind die Grundlage vieler Handelsstrategien oder Analysemethoden zu Stop- und Kurszielbestimmung.

In einem Auktionsmarkt wie dem Aktienmarkt bewegen sich Preise in konstantem Fluss auf der Suche nach dem »fairen« Wert. Aktien und auch Futures werden von Marktteilnehmern aus einer Vielzahl von unterschiedlichen Gründen gekauft oder verkauft. Beobachten Sie einmal die vorbörsliche Handelszeit am US-Aktienmarkt. Dort finden teilweise deutlich erratische Kursbewegungen statt (ganz im Gegensatz zum Handel nach der

Eröffnung). Bis der Kurs »seine« Richtung gefunden hat, dauert es über die Börseneröffnung hinaus einige Zeit, und gerade hier begehen die meisten (Anfänger-)Trader die häufigsten Fehler: Aktien werden gekauft, weil es neue Hochs gibt oder vice versa. Kurz darauf dreht der Kurs in die entgegengesetzte Richtung und der Trade wird zum Verlierer. Was die meisten nicht wissen, ist, dass gerade zur Eröffnung viele institutionelle Marktteilnehmer Positionen für Kunden kaufen oder verkaufen müssen, ganz unabhängig vom Chart-Set-up. Solche Transaktionen führen unter anderem zu unverwertbaren Kursverläufen kurz nach der Eröffnung.

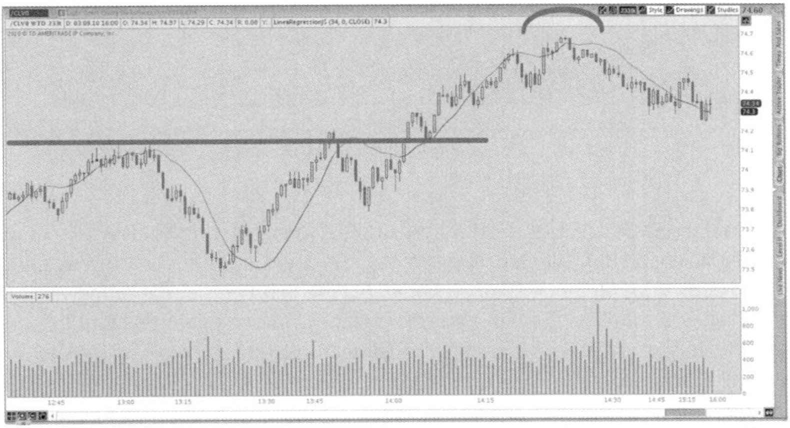

»Ausbruch über ein Widerstandsniveau: Die Nachfrage übersteigt das Angebot – die Kurse steigen«, Quelle: Thinkorswim

Angebot und Nachfrage produzieren Kursbewegungen. Bei einem Ausbruch über ein wichtiges technisches Widerstandsniveau wird typischerweise die Nachfrage größer als das Angebot. Größere Nachfrage sorgt für höhere Preise, und die Kursbewegung zeigt nach oben. Dieser Wechsel in Angebot und Nachfrage sorgt dafür, dass Kurse steigen: immer auf der Suche nach einem Preis, der die Nachfrage befriedigen kann. Höhere Preise sorgen dafür, dass mehr Angebot entsteht, bis die Zahl der angebotenen Aktien die Nachfrage leicht übersteigt. Das ist der Punkt, an dem der Preis in den häufigsten Fällen seinen Zenit erreicht und ein »Top« ausgebildet hat. Analog verhält es sich bei Ausbrüchen über Unterstützungsniveaus auf der Short-Seite:

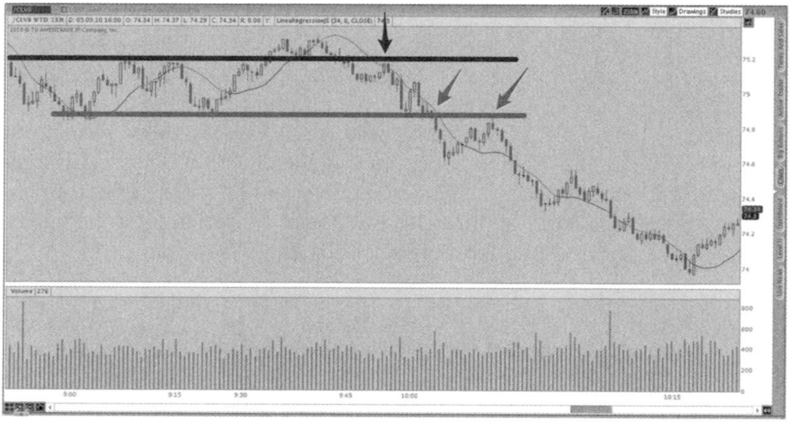

»Nach mehrfachem Test bricht der Widerstand und es etabliert sich ein Downtrend – Öl-Future Intradaychart«, Quelle: Thinkorswim

Ein einfaches Beispiel aus der Physik hilft, Unterstützung und Widerstand besser zu verstehen: Stellen Sie sich vor, Sie werfen einen Ball in die Luft. Nach dem Wurf steigt der Ball so lange, bis die Schwerkraft die aufgewandte Kraft, die den Ball nach oben bewegt, übersteigt. Kurz bevor der Ball herunterfällt, bleibt er einen Moment lang in der Luft »stehen«, als würde er an einen Widerstand stoßen (vgl. Top-Bildung bei einer Aktie). Während der Ball nun wieder zu Boden fällt, wird er durch die Erdanziehungskraft beschleunigt, bis er auf den Boden aufschlägt. Während des Aufpralls wird ein Großteil der Energie absorbiert und findet »Unterstützung« auf dem Boden. Kurz darauf prallt der Ball wieder ab, und das Spiel beginnt von vorne.

Das Gleiche ist an den Kapitalmärkten zu beobachten: Aktien oder Futures bilden ebenfalls Tops und Böden aus. Dabei ist zu beachten, dass diese Konsolidierungsphase sich umso schneller auflöst, je kleiner die Zeitebene (zum Beispiel der Tick-Chart) ist. Der Öl-Future zum Beispiel bildet besonders schnelle Tops und Böden aus, und hier kommt es auf das exakte Timing beim Entry an. Sie haben sicher schon bemerkt, dass die tägliche Realität von Angebot und Nachfrage an den Märkten für uns als Trader wichtiger ist als die »makroökonomische Realität«. Für uns zählt nur eines: möglichst viel Kursbewegung innerhalb eines Handelstages einzufangen, um davon zu profitieren.

Kursmarken, an denen der Kurs eines Wertpapiers (o. a.) konsolidiert, nennt man »Support & Resistance«. S & R werden in der Literatur unterschiedlich definiert.

So können Kursbereiche oder Indikatoren Support oder Resistance bieten. Letztendlich geht es immer darum, dass die Kursbewegung an diesen Stellen die Richtung wechselt oder zumindest für eine gewisse Zeit in einer engen Kursspanne konsolidiert.

Ob eine Aktie zu billig oder zu teuer ist, kann uns im kurzfristigen Handel herzlich egal sein. Das ist auch der Grund, warum das Verständnis komplexer wirtschaftlicher Phänomene für den Day-Trader nicht primär von Belang ist. Technisches Verständnis, eine gute Auffassungsgabe und Disziplin sind wichtiger. Daher haben auch die wenigsten Trader tatsächlich einen Abschluss in Wirtschaftswissenschaften oder Ähnliches. Schauen Sie einmal die Lebensläufe der erfolgreichsten Trader durch, und Sie werden überrascht sein, welche Qualifikationen diese aufweisen.

Als Scalper traden Sie Unterstützungs- und Widerstandsniveaus, denn genau dort hält oder dreht der Kurs häufig, und Sie können hier gute Ein- und Ausstiegspunkte finden. Meistens sind Unterstützungs- und Widerstandsniveaus am Tief oder Hoch im jeweiligen Chart zu finden, da sich hier der stärkste Kursdruck aufbaut. Als Scalper kaufen Sie nahe am Unterstützungsniveau und verkaufen nahe am Widerstandsniveau. Wird ein Niveau gebrochen, wird Unterstützung zum Widerstand und vice versa. Wenn der Kurs in einem Aufwärtstrend konsolidiert, fungiert die untere Trendlinie in den meisten Fällen als eine solide Unterstützungslinie. Bei Abwärtstrends dient die obere Begrenzungslinie als Unterstützungsniveau. Auf diesem Niveau ist die Nachfrage so hoch, dass der Kurs davon abgehalten wird, weiter zu fallen.

Um an der Börse Geld zu verdienen, ist es nicht notwendig, Tops und Böden exakt bestimmen zu können. Sie werden nur in den seltensten Fällen am Boden oder am Hoch in einen Trade einsteigen. Viel wichtiger ist es, dass Sie erkennen, wann sich das Verhältnis zwischen Angebot und Nachfrage ändert, und dass Sie sich entsprechend positionieren. Machen Sie sich bewusst, dass Trades, die in der Nähe von Hochs oder Tiefs platziert werden, häufig das beste Chance-Risiko-Verhältnis haben – selbst wenn die Bodenbildung schon ein paar Sekunden (Minuten) zurückliegt. Sollten Sie intraday einen Trade verpasst haben, bietet sich fast immer eine zweite Gelegenheit für einen Einstieg. Mehr Chancen bekommen Sie allerdings selten. Seien Sie also schnell in Ihrer Entscheidung, denn auf diese Momente warten wir als Trader: optimale Chance-Risiko-Verhältnisse (CRV).

Der Kampf zwischen Bullen und Bären um den Kurs bzw. die Bewegungsrichtung des Kurses bildet Support und Resistance und gleichzeitig die Ausgangslage für neue (kurzfristige) Trends, von denen wir als Trader profitieren. Gerade aus diesem Grund stellen trendlose Zeiten Trader auf eine Geduldsprobe. Aufgrund der wenigen Chancen entsteht große Unsicherheit und Momentum-Trader finden keine oder nur sehr wenige Einstiege. Die Chancen einer Kursbewegung nach oben oder unten sind in etwa gleich verteilt, und es lässt sich kein Trade mit einer überlegenen Wahrscheinlichkeit für eine bestimmte Richtung eröffnen. Die Gefahr, dass Sie auf der falschen Seite des Trades stehen, ist in diesem Augenblick zu groß.

Wann sich der Kurs für eine Richtung entscheiden wird, werden wir nie vorhersagen können. Wir wissen allerdings sehr wohl, dass Angst und Gier die Triebkräfte der Entscheidung sind. Alle Marktteilnehmer wollen mit diesem Trade Geld verdienen, egal ob long oder short, und alle Marktteilnehmer haben Angst zu verlieren. Das ist der Grund dafür, dass Ausbrüche aus konsolidierenden Marktphasen nicht für immer in eine Richtung laufen, sondern zwischenzeitlich neue Konsolidierungen einschlagen. Sollten Sie einmal auf der falschen Seite des Trades stehen, können Sie diese Tatsache für sich nutzen, indem Sie mit möglichst wenig Schaden Ihren Trade in der nächsten Korrektur verkaufen, sollten Sie einmal keinen Stop platziert haben. Am besten ist es natürlich, Sie werden ausgestoppt, sobald der Trade gegen Sie läuft. Im Scalping haben Sie die Möglichkeit, Ihre Positionen schnell zu drehen, sobald sich ein neues Set-up etabliert hat. Das ist der große Vorteil im kurzfristigen Handel.

Ein Widerstandsniveau signalisiert ein (temporäres) Kursniveau, auf dem die Unsicherheit aller Marktteilnehmer am größten ist, bis das Widerstandsniveau nach oben aufgelöst wird und es zu einem Ausbruch über den Widerstand gekommen ist. Beobachten Sie einmal den Ausbruch auf höhere Hochs im Öl-Future, sobald ein Widerstandsniveau gebrochen wurde. Die Kursbewegung ist häufig so schnell, dass Ihre Position nur mit Slippage eröffnet wird. Die Käufer überbieten sich in solchen Kursbewegungen, und die Verkäufer werden mehr und mehr gezwungen, ihre Positionen zu verkaufen, um ihre Verluste zu begrenzen. Zusätzlich verringert sich das Angebot. Diese Tatsachen katalysieren die Aufwärtsbewegung zusätzlich, und so nährt sich der Trend selbst.

Das Gedächtnis des Marktes

Eine gängige Börsenweisheit besagt, dass der Markt ein (Kurs-)Gedächtnis besitzt. Doch was steckt wirklich hinter dieser Aussage? Alle Marktteilnehmer einer bestimmten Aktie haben während des vergangenen Handels eine Vorstellung von wichtigen Widerstands- und Unterstützungsniveaus gewonnen: Kursbereiche, an denen Bullen und Bären um die zukünftige Kursbewegung gekämpft haben. Diese Kursbereiche finden sich als Konsolidierungs-Formationen (Seitwärtsphasen, mehrfacher Test eines Kurses) im Chart wieder. Interessanterweise haben selbst lang zurückliegende Widerstands- und Unterstützungslinien Bedeutung für die Kursentwicklung. Dabei spielt die Zeitebene keine Rolle. Alte Hochs oder Tiefs finden sich sowohl auf Monats-, Wochen- und Tagescharts als auch auf Intradaycharts (Minuten, Ticks).

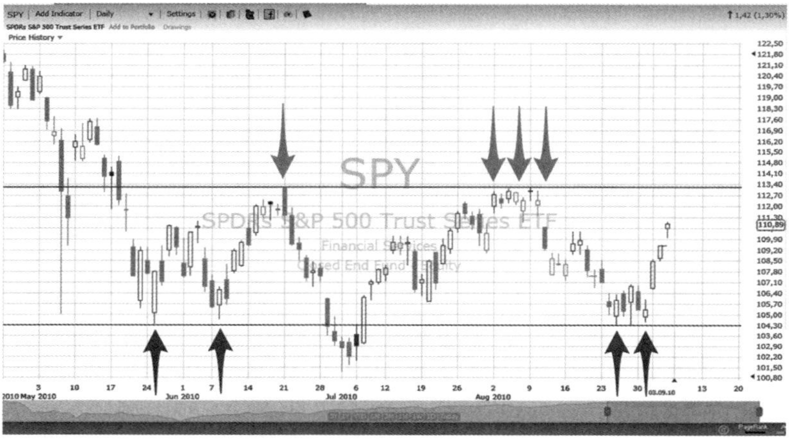

»Das Gedächtnis des Marktes: Marktteilnehmer erinnern sich an wichtige Chartmarken – Dollar SPY 113.x und 104 Zähler«, Quelle: www.freestockcharts.com

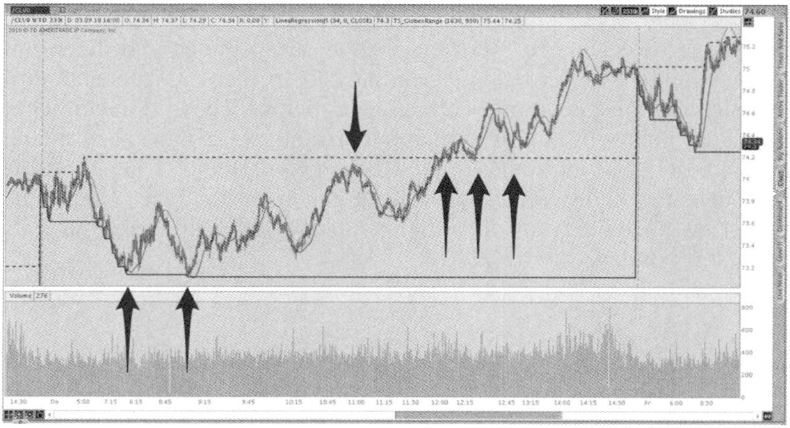

»Die Overnight-Range im Öl-Future (GLOBEX-Range dargestellt als gestrichelte und durchgezogene Linie) High und Low bietet häufig Support und Resistance in der Tagessession.«, Quelle: www.freestockcharts.com

Das Gedächtnis des Marktes können wir uns als Trader zunutze machen und so unsere Kursziele oder Einstiegspunkte definieren. So vermeiden wir es zum Beispiel, inmitten einer Tradingrange zu handeln. Letzte Hochs oder Tiefs ermöglichen zusätzlich das Bestimmen von »Measured Moves«, und so können wir das CRV besser definieren.

Gebrochene Widerstände

Sobald ein Widerstandsniveau gebrochen wurde, wirkt dieses häufig als Unterstützung, sobald der Kurs noch einmal zurückfällt. So wird Widerstand zu Unterstützung und umgekehrt.

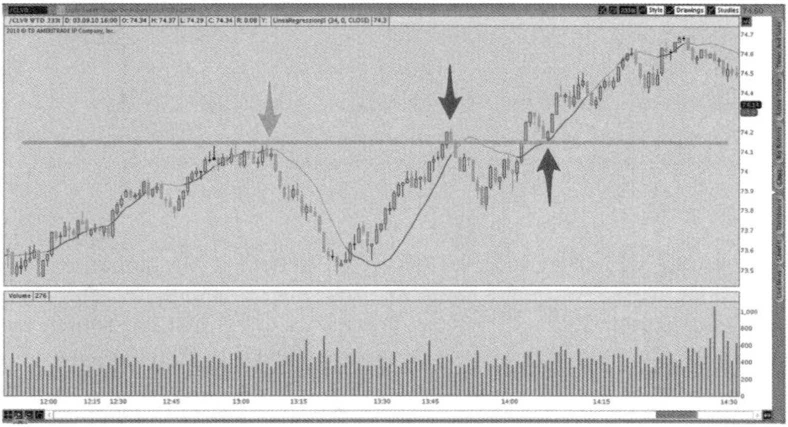

»Widerstand wird zu Unterstützung: Öl-Future Intradaychart«, Quelle: Thinkorswim

Im Futures-Trading ist allerdings zu beachten, dass sich Intraday-Ausbrüche häufig als Fehlausbrüche herausstellen. Das hat unter anderem damit zu tun, dass der Futures-Handel besonders stark durch den Systemhandel geprägt ist. »Sell the new high«- oder »buy the new low«-Algorithmen sorgen dafür, dass unsere Analysemethoden besonders intraday zu Fehlsignalen führen. (Lesen Sie dazu auch das Kapitel über Market Internals und den $TICK-Indikator) Ein guter Ratschlag ist es daher, Pullbacks zu kaufen und die Position in Ausbrüchen zu verkaufen oder nach erfolgreichem Ausbruch aufzustocken. Wenn der Ausbruch stattgefunden hat, kommen Sie meistens »zu spät zur Party«.

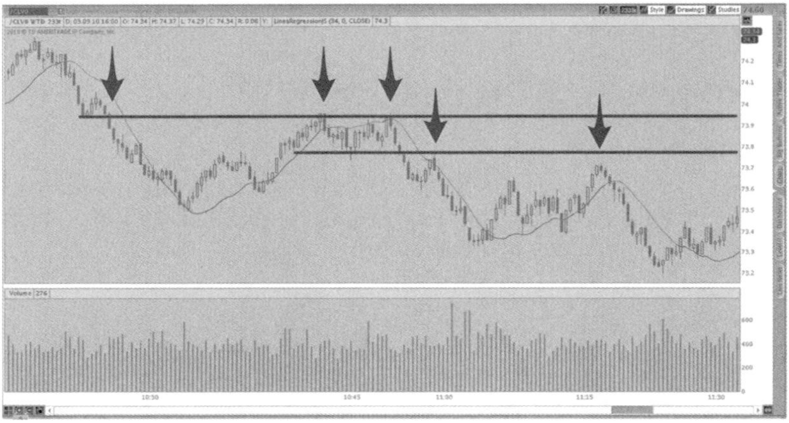

»Gebrochene Unterstützung wird zum Widerstand: Öl-Future Intradaychart«, Quelle: Thinkorswim

Machen Sie sich bewusst, dass gerade in trendigen Marktphasen viele Unterstützungs- und Widerstandniveaus mit Leichtigkeit gebrochen werden (Finanzkrise 2008, Flash Crash). Aus diesem Grund sollten Sie immer gleich einen Stop-Loss ins System eingeben (Bracket-Order).

Als Trader haben wir nicht die Aufgabe, genau auf einer Unterstützungslinie zu kaufen oder an einer Widerstandslinie zu verkaufen. Vielmehr ist es notwendig, dass wir die Kursbewegungen an solchen Schlüsselmarken studieren und richtig interpretieren. Ob sich ein Kursbereich tatsächlich als Widerstand oder Unterstützung herausstellt, wissen wir ja leider erst im Nachhinein. Chartmarken gelten also nur als Orientierungspunkte und potentielle Kursbereiche für Käufer oder Verkäufer. Ihre Entscheidung für einen Trade müssen Sie daher über andere Techniken treffen. Mehr dazu findet sich in den folgenden Kapiteln.

Fehlausbrüche im Intradayhandel vermeiden

Wenn Sie sich mit dem Trading ernsthaft beschäftigen, werden Sie nach kurzer Zeit feststellen, dass viele Ausbrüche auf neue Hochs oder Tiefs Fehlausbrüche sind. Das hat zum großen Teil damit zu tun, dass automatische Trading-Programme diese Fehlausbrüche gegen den Trend handeln. Diese Programme werden von Institutionen wie Banken und Hedgefonds eingesetzt, und gegen die haben wir als Trader keine Chance! Wir können darüber denken, was wir wollen. Wir bestimmen nicht den Kurs von Aktien und Futures – das tun die Institutionen, und wir müssen versuchen zu erkennen, wie diese arbeiten.

So kann es sein, dass große Käufer erst einmal als Verkäufer auftreten, um den Kurs zu drücken, nur um billige Einstiege für riesige Positionen zu bekommen, die einen Short Squeeze sondergleichen auslösen. Gerade in den Futures entstehen so Fehlausbrüche und Short-Signale, die direkt wieder gekauft werden und den »langsamen« und unflexiblen Trader mit Verlusten und Verzweiflung zurücklassen. Immer.

Für Retail-Trader, wie wir es sind, kann das schnell zu Frustration führen, denn in der gängigen Trading-Literatur liest man ja regelmäßig, dass Ausbrüche eines der besten Handelssignale darstellen. Im Trading mit Aktien mag das gegebenenfalls stimmen (auch das bezweifeln wir), doch im Futures-Markt, besonders auf kleinen Zeitebenen wie dem Tick-Chart, trifft diese Regel nur selten zu. Bevor es zu einem wirklichen Ausbruch mit entsprechendem Momentum kommt, sehen Sie vorher eine Reihe von Fehlsignalen, die es außerdem nötig machen, dass Sie genug Zeit aufwenden können, um den Markt mit seinen Korrelationen (und anderen Indikatoren) genau zu beobachten. Ansonsten verlieren Sie.

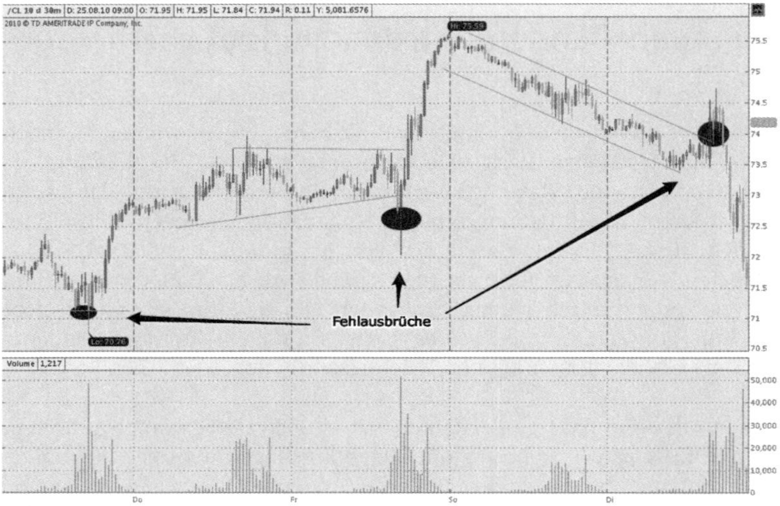

»Öl-Future am 30-Minuten-Chart mit drei Fehlausbrüchen, markiert mit weißem Oval«, Quelle: Thinkorswim

Fehlausbrüche lassen sich vermeiden, indem Sie geduldig auf Ihren Trade warten. Traden Sie zum Beispiel nicht inmitten einer Seitwärtsphase, sondern lenken Sie Ihre Aufmerksamkeit auf den Markt, sobald wichtige Schlüsselmarken, die Sie über eine einfache Chartanalyse identifizieren können, angesteuert werden. Mit dem Wissen, dass große Käufer häufig diese Chartmarken »verletzten«, um die schwachen und ängstlichen Teilnehmer aus dem Markt zu werfen, lassen sich gute Einstiege inmitten großer Kurspanik finden. Vergessen Sie die »Regeln« der Technischen Analyse. Die gibt es nicht. Die Technische Analyse hilft Ihnen ausschließlich, Schlüsselniveaus zu bestimmen. Käufer und Verkäufer müssen sie über die Kursbewegung ermitteln und dann im Trade sein, wenn auch der letzte Indikator einen Boden anzeigt. Sollten Sie erst jetzt einsteigen, ist es in den meisten Fällen (gerade im Öl-Future) zu spät!

Widmen Sie also Ihre Aufmerksamkeit dem Studium der Kursbewegung an Schlüsselniveaus, und kaufen Sie, wenn die Käufer in der Überzahl sind und die Nachfrage das Angebot übersteigt (und vice versa). Diese Informationen beziehen Sie ausschließlich über das Tape. Schauen Sie ins Level 2, wie stark Käufer und Verkäufer tatsächlich sind. Zögern Sie nicht, bei der ersten Bestätigung unverzüglich Ihren Plan auszuführen.

Trends und Marktdynamik: Hochs und Tiefs als Landmarken der Trenderkennung

Die einzige Konstante im Markt ist der Markt selbst. Menschen tendieren dazu, in bestimmten Situationen ähnlich zu reagieren und zu überreagieren, und genau darauf baut die Technische Analyse auf. Im Trading sind Emotionen Ihr größter Feind. Jedes Mal, wenn Ihre Emotionen in Ihr Trading hineinspielen, sollten Sie einen Schritt zurücktreten. Es gibt zu viele Trader, die durch emotionales Trading schon in den Ruin getrieben worden sind. Wenn Sie die Massenpsychologie und die Emotionen der anderen Marktteilnehmer verstehen, kann Ihnen dies jedoch dabei helfen, beginnende Trends zu finden und diese profitabel zu handeln.

Die Trends, von denen Kurzfristtrader profitieren, etablieren sich auf den kleinsten Zeitebenen. Darum sind Sie im Vorteil, wenn Sie den Markt täglich beobachten. Sie können einfach schneller reagieren. Wenn Versicherungen oder Fondsmanager riesige Anteile von Aktiengesellschaften, Futures und Ähnliches verkaufen oder kaufen müssen, dann bewegt das zwangsläufig den Kurs, und das nützen Sie als Scalper aus. Machen Sie sich bewusst, dass Sie flexibler sind als jede Bank, die vielleicht eine Kundenorder von ein paar Millionen Stück platzieren muss. Ihre Position wird gleich ausgeführt. So kommen Sie schnell in den Markt und aus dem Markt und sind an keine Vorgaben durch Ihren Chef oder Kunden gebunden.

»Der Trend ist dein Freund« ist wohl einer der beliebtesten Tradersprüche. Als Scalper sind Sie Teil der »Kurzfristtrader« und damit näher am Markt als jeder andere Marktteilnehmer (außer den noch schnelleren Algo-Tradern, die über Co-Location einen Geschwindigkeitsvorteil in der Orderausführung und der Datenlieferung haben).

Aus diesem Grund sind Sie einer der ersten Marktteilnehmer, der Trends bereits in der Entstehung erkennen kann. Sollten Sie Ihre Arbeit sorgfältig gemacht haben, dann wissen Sie, an welchen markanten Punkten Sie vermehrt auf Käufer oder Verkäufer achten sollten. Der Gewinner, der aus dem Kampf zwischen Bullen und Bären hervorgeht, läutet einen neuen Trend ein, und den wollen Sie nicht verpassen. Ihr Vorteil als Kurzfristtrader ist es auch, dass Sie fast jeden Tag kleine Trends auf kleinen Zeitebenen traden können, während der Standard-Hobbytrader auf den großen Gewinn durch einen 100-prozentigen Anstieg einer Aktie wartet und in der Zwischenzeit aus Ungeduld sein Konto ruiniert. Sie allerdings wissen dann bereits, wie es sich anfühlt, einen Trend zu traden. Noch besser fühlen Sie sich, wenn der Trend sich von der kleineren Zeitebene auf die große Zeitebene durchsetzt und Ihr Computer kurzzeitig zur Gelddruckmaschine wird. Ein befreundeter Trader rief uns während des Euro-Verfalls an, um mit beinahe schlechtem Gewissen zu berichten, dass er über Tage knapp 10.000 pro Stunde verdiente. Das ist das Geschenk des Marktes, wenn Sie hart arbeiten und Ihren Trading-Plan kompromisslos durchsetzen. Der Markt belohnt Ihre Arbeit und betraft Ihre Nachlässigkeit. Arbeiten Sie hart, beständig und geduldig!

Wie können Sie Trends erkennen?

Die Definition eines Trends sind »höhere Hochs und höhere Tiefs« im Uptrend und das Umgekehrte im Downtrend.

Hier ein Beispiel:

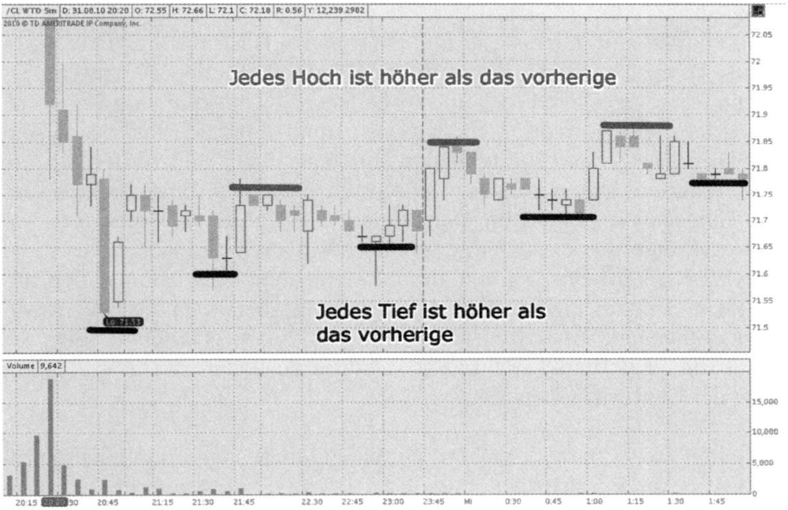

»Höhere Hochs und höhere Tiefs: Trenddefinition nach der Dow-Theorie«, Quelle: Thinkorswim

Viele teuer verkaufte Trading-Strategien basieren auf dieser simplen Tatsache. Noch ein paar Indikatoren hinzugefügt und einen netten Namen entwickelt und – schwups! – kauft der ahnungslose Trader von nebenan ein Buch, einen Börsenbrief oder einen Signaldienst, nur um sich »sicher« zu fühlen und keine Arbeit in die Entwicklung als Trader stecken zu müssen.

Lernen Sie, den Markt zu beobachten und diese simplen Muster in ihrer Entstehung zu erkennen. Das gilt für alle Zeitebenen. Noch einmal: Trends entwickeln sich auf den kleinsten Zeitebenen und setzen sich bis auf Tages-, Wochen-, Monatscharts und letztendlich Jahrescharts durch. Sie wissen nie, wann ein Trend beginnt. Traden Sie daher so, dass ein Teil Ihrer Position immer von einem möglichen Trend profitieren könnte. Das bedeutet: Traden Sie mit mindestens einer Kernposition und mehreren Teilpositionen, die Sie um die Kernposition herum handeln. So hedgen Sie Ihr Risiko und profitieren intraday von allen Kursbewegungen, während Ihre Kernposition gegebenenfalls gegen Sie läuft, ohne charttechnisch wichtige Marken zu verletzen.

Beispiel:
Sie erkennen ein höheres Tief und ein höheres Hoch nach einem Downtrend. Offensichtlich überwiegen die Käufer, und der Downtrend ist zumindest temporär gebrochen. Das bedeutet: Es entsteht eine Seitwärtsphase oder ein Uptrend, oder der Downtrend setzt sich fort. In diesem Fall könnten Sie eine Kernposition mit (sagen wir 500 Aktien) in die Long-Richtung halten und eine Teilposition von 1000 Aktien nutzen, um von Kursschwankungen im Tagesverlauf zu profitieren. Sollte sich am Ende des Tages herausstellen, dass Sie recht hatten und sich ein Uptrend entwickelt, dann sind Sie mit Ihrer Kernposition dabei und haben auf der Short-Seite im Tagesverlauf gegebenenfalls auch noch etwas verdient. Merken Sie sich: Sie wissen nie, wann sich Trends etablieren. Seien Sie daher immer vorbereitet, Ihre Kernposition zu halten, wenn am Tagesende der Chart für einen Trend spricht.

Sie sehen zwei Charts des Öl-Future: einen langfristigen und einen kurzfristigen. Am kurzfristigen traden Sie einen Short-Kontrakt, um Ihre Kernposition in die Long-Richtung untertags zu hedgen und gegebenenfalls damit sogar zusätzlich Gewinne zu erwirtschaften.

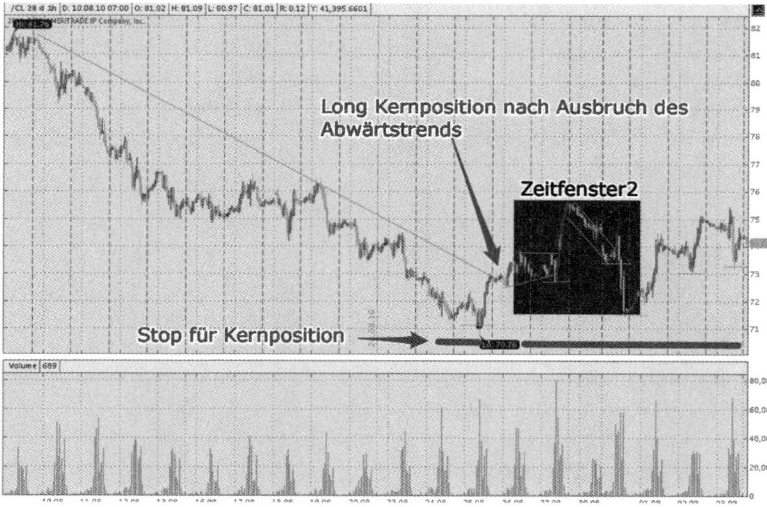

»Öl-Future am Stundenchart«, Quelle: www.freestockcharts.com

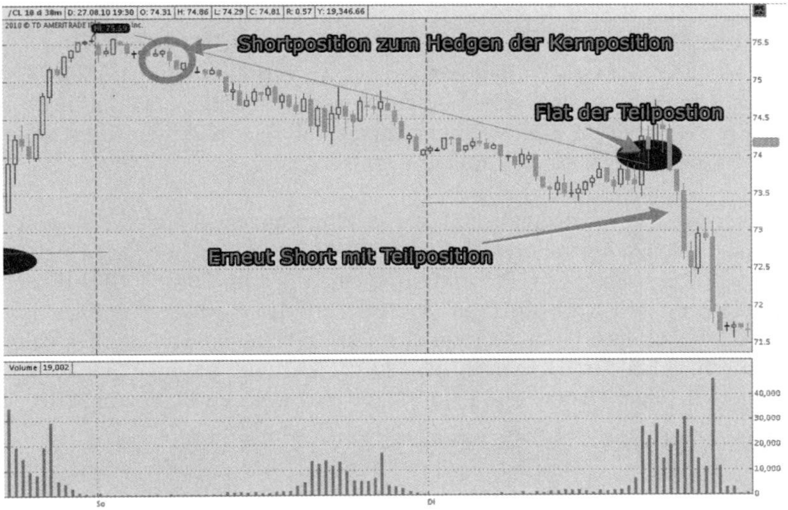

»Öl-Future am 30-Minuten-Chart zum Hedgen der Kernposition« Quelle: www.freestockcharts.com

Volumen

Seminarteilnehmer und Kandidaten unseres Coachingprogramms fragen uns nach der Einführung über die Kursentstehung eines Basiswertes regelmäßig, warum der Kurs sich überhaupt bewegt, wenn doch für jede Transaktion ein Käufer und ein Verkäufer vorhanden sind. Der tatsächliche Grund für die Kursbewegung ist nicht die Transaktion selbst, sondern ein Ungleichgewicht zwischen Käufern und Verkäufern zu einem bestimmten Zeitpunkt. Jeder Marktteilnehmer engagiert sich nur aus einem Grund an der Börse: um Geld zu verdienen. Da wir nie wissen, zu welchem Kurs jemand von einer bestehenden Position profitiert (egal ob long oder short), ist es regelmäßig der Fall, dass zur gleichen Zeit im Markt jemand Geld verdient, obwohl Sie verloren hätten, oder dass sogar beide Parteien gewinnen.

Um dieses Phänomen zu verstehen, müssen Sie erst einmal verstanden haben, wie Momentum funktioniert. Wenn jeder Aktien nach den gleichen Gesichtspunkten bewerten würde, dann würde der Kurs konstant bleiben und sich nicht bewegen. Am Aktienmarkt allerdings spielt die Möglichkeit, Geld zu verdienen oder zu verlieren, eine große Rolle. Angst und Gier sorgen neben Angebot und Nachfrage also dafür, dass sich Kurse bewegen. In der Technischen Analyse können wir diese Emotionen über den Volumen-Indikator messen.

Sie können das Volumen zusätzlich zum Chart anzeigen lassen (viel mehr Indikatoren benötigen Sie eigentlich auch gar nicht). Machen Sie sich allerdings bewusst, dass OTC-Produkte-Anbieter wie zum Beispiel CFD-Broker häufig keine Möglichkeit haben, andere Marktdaten außer dem Kurs darzustellen. Das liegt daran, dass es sich um Derivate handelt und das Volumen schlichtweg im Datenfeed fehlt (als CFD-Trader handeln Sie ja nicht an der »richtigen« Börse und damit unter unwirklichen Bedingungen).

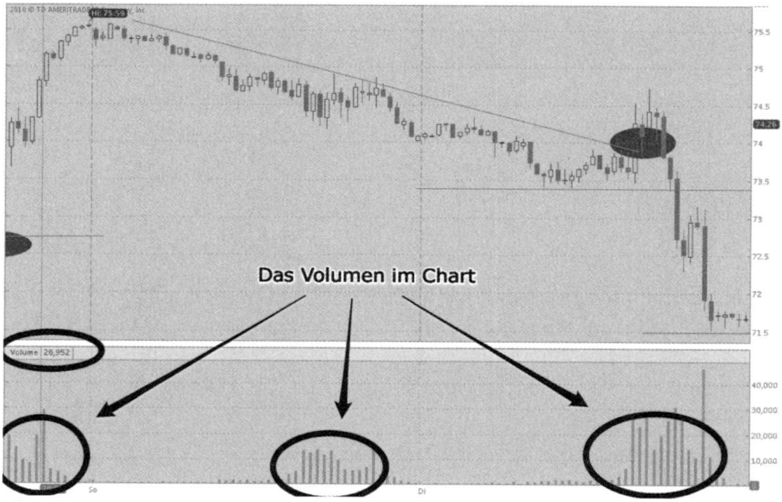

»Öl-Future 30-Minuten-Chart mit Volumen«, Quelle: www.freestockcharts.com

Das Trading-Volumen wird im Chart als vertikale Säulen angezeigt. Jede Säule zeigt an, wie viele Kontrakte (Futures) oder Aktien auf einer Kerze am Kerzenchart (abhängig von der Chartaggregation – also der Zeitebene) umgesetzt wurden.

Wenn Sie in der Lage sind, die Kurs-Volumen-Beziehung richtig zu interpretieren, sind Sie in der Lage, das Engagement von Käufern und Verkäufern einzuschätzen.

Das Volumen gibt uns unter anderem Hinweise auf:

> die Qualität einer Bewegung (wird das Momentum wirklich von den Marktteilnehmern getragen?)
> einen Einblick in die Psychologie der Marktteilnehmer und deren »Emotionslevel«
> die Möglichkeit einer Kursbewegung
> die Bestätigung einer Kursbewegung

Je größer das Volumen ist, das eine Aktie generiert, desto größer ist die Liquidität (die Möglichkeit, Positionen zu verkaufen/zu kaufen). Das bedeutet: Transaktionen (gerade mit großer Stückzahl) sind einfach durchzuführen (im Vergleich zu Aktien mit niedriger Liquidität).

Liquidität ist für jede Aktie relativ zu bewerten. Einige Aktien traden mit niedriger Liquidität (sog. »Low Floater«) von vielleicht 40.000 Stück/Tag. Andere hingegen traden mit vielen hundert Millionen Stück/Tag. Diese Information ist wichtig für Sie, wenn Sie größere Stückzahlen handeln möchten. Ist die Liquidität gering und Sie traden große Stückzahlen, werden Sie Ihre Position kaum handeln können. (Diese Tatsache ist bei CFDs vernachlässigbar, da hier kaum Aktien mit niedriger Liquidität angeboten werden. Leider beraubt man Sie so vieler Chancen ...).

Die Kurs-Volumen-Beziehung

Das Volumen repräsentiert subjektiv, wie »ernst« es Marktteilnehmer mit einer Bewegung im Markt meinen: also die Beziehung zwischen Kursbewegung und Trading-Aktivität. Großes Volumen (im Vergleich zur durchschnittlichen Trading-Aktivität) kann einen emotional getriebenen Markt charakterisieren, niedriges Volumen hingegen das Gegenteil.

Emotional getriebene Märkte können schnell und für Sie profitabel sein, vorausgesetzt, Sie wissen, was in solchen Situationen zu tun ist. Wenn Sie allerdings nicht die nötige Disziplin und Erfahrung mitbringen, führen solche »Fast-Moving Markets« schnell zu großen Verlusten. Erinnern Sie sich noch an den »Flash Crash« Anfang Mai 2010? Für Day-Trader war dies einer der besten Trading-Tage des Jahres! Während Investoren und Positionstrader panisch ihre Positionen auflösen mussten, konnten Day-Trader auf der Short-Seite in der Spitze bis zu 1000 Punkte im Dow Jones verdienen! Solche Tage sind begehrt und (leider) zu selten.

In Aufwärtstrends (Rallyes) werden wir Zeugen der Gier der Bullen und der Angst der Bären. Wie eingangs schon erwähnt, sind Bären in starken Aufwärtsbewegungen häufig zum Decken ihrer Short-Positionen gezwungen. Das Decken einer Short-Position führt technisch zu einer Kauforder. Diese addiert sich zu dem ohnehin schon starken »Kaufdruck« und beschleunigt so die Bewegung in die Long-Richtung. Diese Bewegungen laufen häufig parabolisch ab und werden »Short Squeeze« genannt.

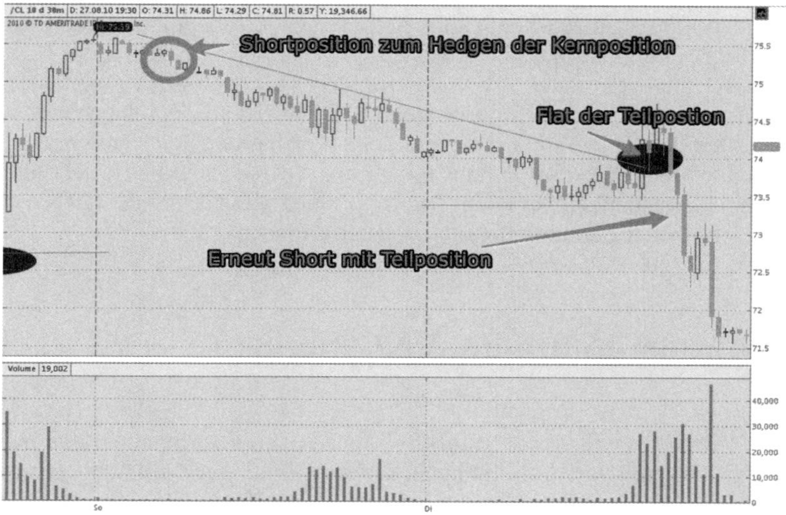

»Öl-Future: Shortsqueeze als Bullenfalle«, Quelle: Thinkorswim

Als Trader fragen wir uns, wann wir das nächste Mal von einer Bewegung in Trendrichtung profitieren können, sollten wir beim ersten Mal den Einstieg verpasst haben. Das Volumen liefert uns hier hilfreiche Hinweise: Findet eine Korrektur einer vorausgegangenen Bewegung unter niedrigem Volumen statt (im Vergleich zum Volumen der Bewegung vorher ...), können wir das Ende dieser Korrektur zum Einstieg in Trendrichtung nutzen. Kombiniert mit Support & Resistance entsteht so ein simpler, aber effektiver Filter, um Fehleinstiege zu vermeiden. Diese Taktik lässt sich auf allen Zeitebenen gut umsetzen. Aus diesem Grund sind »Low Volume Pullbacks« ideale Szenarien, um Long-Positionen zu etablieren.

Umgekehrt gilt das auch für die Short-Richtung: Korrekturen unter niedrigem Volumen im Rahmen eines Abwärtstrends bieten gute Einsteige für Short-Positionen.

Die Volumen-Kurs-Divergenzen

Wenn Volumen-Muster und Kursbewegung divergieren (das heißt bei Bewegungen unter fallendem Volumen), werden wir als Trader vorsichtig. Oft signalisieren diese Divergenzen ein abschwächendes Momentum und läuten damit ein Reversal ein. Sollte allerdings das Volumen auf Pullbacks größer sein als bei den korrespondierenden Rallyes, kann das ein Hinweis darauf sein, das Positionen im großen Stil geschlossen werden, weil das Vertrauen in eine Fortsetzung des Trends verloren gegangen ist.

Natürlich lässt sich diese Divergenz nicht auf einem einzelnen Chartprint ablesen. Sollten Sie Kerzencharts verwenden, macht es keinen Sinn, das Volumen für eine einzige Kerze zu betrachten – besonders auf kleinen Zeitebenen. Es empfiehlt sich, das aktuelle Geschehen im Kontext zu betrachten. So werden Sie erkennen können, wenn bei Rallyes das Volumen vor einem Reversal stetig abnimmt.

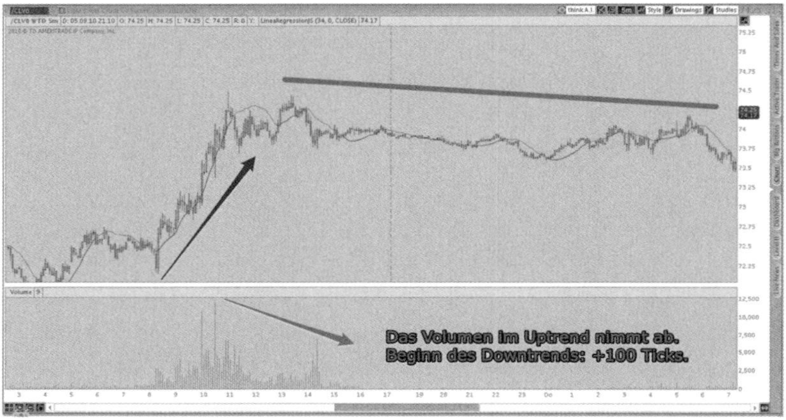

»Divergenz zwischen Kurs und Volumen im Aufwärtstrend läutet die Gegenbewegung ein. Öl-Intradaychart (5-Minuten-Chart)«, Quelle: Thinkorswim

Seien Sie schnell!

Obwohl das Volumen als guter Indikator für die Bestätigung einer Bewegung gilt, sollten Sie nicht darauf warten, wie das Volumen sich entwickelt, bevor Sie sich positionieren!

Den Grund für einen Kauf oder Verkauf sollte immer der Kurs allein liefern. Solange sich das Volumen im Durchschnitt bewegt (also »normal« ist), lassen sich zum Beispiel Breakouts kaufen oder Breakdowns verkaufen, ohne dass Sie vorher auf Bestätigung durch einen Volumen-Anstieg warten müssen. Das Problem ist, dass das Volumen ja erst auf dem Ende der Kerze bewertet werden kann, und dann ist es zu spät für Ihren Einstieg. Das Volumen ist daher kein Timing-Indikator, sondern es hilft Ihnen zu erkennen, ob die gesamte Kursbewegung von den Marktteilnehmern getragen wird oder nicht. Erkennen Sie daher Volumen-Kurs-Divergenzen vorher, und versuchen Sie, diese für sich nutzbar zu machen.

Das Volumen im Tagesverlauf

Der Volumen-Indikator kann uns als Trader mit wertvollen Informationen über das Engagement von Käufern und Verkäufern versorgen. Sie müssen sich allerdings bewusst machen, dass Volumen einer bestimmten Normalverteilung im Laufe des Handelstages unterliegt. Sollte Ihnen die Volumenverteilung nicht geläufig sein, ist die Gefahr einer Fehlinterpretation groß.

Der Handelstag lässt sich in folgende Zeiten einteilen:

Futures:
Overnight-Session (auch GLOBEX-Session genannt)
Session (Haupthandelszeit)

Equities (Aktien):
Premarket-Session (vorbörslicher Handel)
Session (Haupthandelszeit)
Aftermarket-Session (nachbörslicher Handel)
Premarket – Trading: 8:00 a.m. bis 9:29 a.m.
Open – Trading: 9:30 a.m. bis 11:00 a.m.
Midday – Trading: 11:00 a.m. bis 3:00 p.m.
Close – Trading: 3:00 p.m. bis 4:00 p.m.
After-hours – Trading: 4:01 p.m. bis 8:00 p.m.

Achtung: Alle Zeiten sind US-Handelszeiten. Also deutsche Zeit minus sechs Stunden.

Während der außerbörslichen Handelszeit (und der GLOBEX-Session) ist das Volumen generell sehr niedrig. Dort sind die meisten Marktteilnehmer nicht an Transaktionen beteiligt. Sollten besondere geopolitische Ereignisse oder Unternehmenszahlen außerhalb der Haupthandelszeit bekannt werden, bietet sich in den außerbörslichen Handelsphasen den Marktteilnehmern die Möglichkeit, Wertpapiere oder Futures zu kaufen oder zu verkaufen.

Im Tagesverlauf allerdings ändert sich das Volumen ebenfalls:

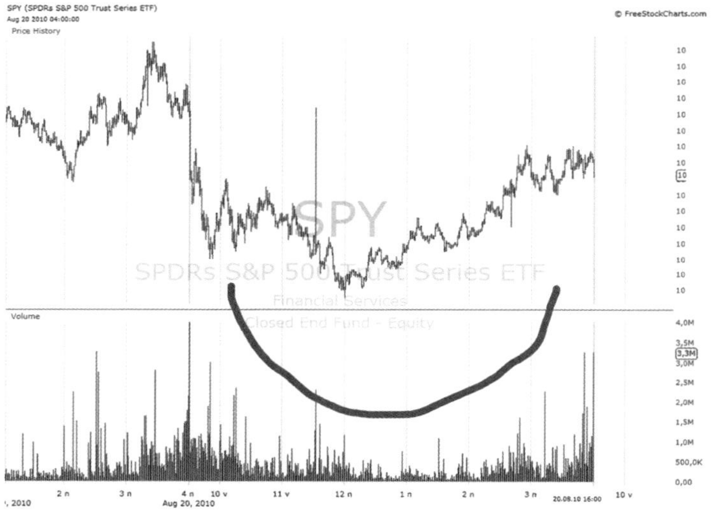

»Volumen im Tagesverlauf – Dollar SPY«, Quelle: Finviz.com

Wie Sie erkennen können, ist das Volumen zur Eröffnung am größten und fällt dann im Tagesverlauf ab. In der zweiten Tageshälfte steigt das Volumen dann stetig wieder an, um zum Börsenschluss wieder in etwa das Volumen der Eröffnung zu erreichen.

Das bedeutet, dass sich die Liquidität für eine Aktie im Tagesverlauf ändert. Weitere Einflussgrößen sind zum Beispiel auch Jahreszeit, Unternehmensnachrichten, geopolitische Ereignisse, Korrelationen, wichtige charttechnische Marken und vieles andere mehr.

Sollten Sie mit dem Trading noch keine oder nur sehr wenig Erfahrung haben, bietet es sich an, die außerbörslichen Handelszeiten zu meiden. Diese sind aufgrund der geringen Liquidität besonders anfällig für erratische Kursbewegungen. Sie sollten hier Kenntnisse im Tape-Reading mitbringen, um genau zu erkennen, wann Käufer und Verkäufer den Markt dominieren. Sollten Sie nur den Kurs beobachten, werden Sie hier kaum profitabel handeln können.

Volume Weighted Average Price (VWAP)

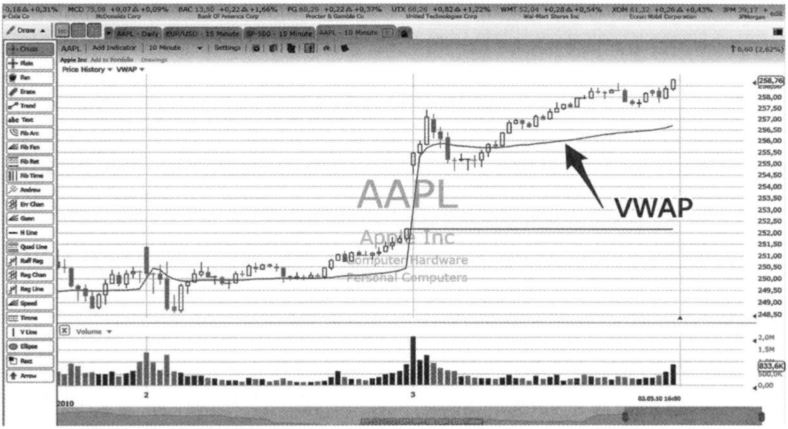

»VWAP im Tagesverlauf – Dollar AAPL«, Quelle: www.freestockcharts.com

Stellen Sie sich einen Händler vor, der von seinem Kunden beauftragt wurde, zwei Millionen Aktien zu kaufen. Um günstige Einstiege zu bekommen, kann der Händler die zwei Millionen Aktien natürlich nicht auf einmal kaufen – am liebsten hätte er es, wenn niemand von seiner Order Wind bekommen würde, damit er möglichst preiswerte Einstiege ergattern kann. Aus diesem Grund schafft es der Händler nicht, die zwei Millionen Aktien direkt nach der Eröffnung in der ersten Stunde zu kaufen. Trotzdem ist er gezwungen, möglichst gute Einstiegskurse zu bekommen – denn genau danach wird er von seinen Kunden bewertet.

Eine der meistgenutzten Methoden, um die Qualität der Ausführung zu bewerten, ist es, die Ausführungskurse mit dem »Volume Weighted Average Price« (VWAP) zu vergleichen. Der VWAP wird berechnet, indem das Dollar-Volumen (oder jede andere Währung) einer Aktie durch das Volumen über einen bestimmten Zeitraum geteilt wird.

Das bedeutet, dass der VWAP der Durchschnittskurs ist, zu dem jede Aktie gekauft/verkauft wurde. Der VWAP kann als gleitende Durchschnittslinie im Chart abgebildet werden. Da der VWAP für die Qualität der Orderausführung steht, lässt sich so ebenfalls die Arbeit der Trader bewerten.

Schafft es der Trader, unterhalb des VWAP zu kaufen, gilt das generell als gut. Kauft er regelmäßig oberhalb des VWAP, wird er vermutlich seine Kunden über längere Zeit verlieren. Für uns Day-Trader verändert sich der tägliche VWAP im Handelsverlauf, da die Trades untertags zu verschiedenen Kursen ausgeführt werden. Diese fließen dann in die Berechnung ein.

Hier ein Beispiel:

Gleich zur Eröffnung muss ein Händler eine Kauforder ausführen. Da er möglichst günstig in den Trade kommen möchte und durch seine Handelsgröße die Möglichkeit hat, den Markt zu manipulieren, wird er 10.000 Aktien zum Verkauf von 50 Dollar anbieten und gleichzeitig für Aktien zu einem niedrigeren Kurs bieten. Der erste Trick, den der Händler anwenden kann, besteht darin, die gesamten 10.000 Aktien auf dem Verkaufskurs (Offer) zu zeigen und auf dem Kaufkurs (Bid), der ja tiefer liegt, nur 100 Aktien zu zeigen (an der Börse lassen sich Orders maskieren oder verstecken!). Eigentlich will er zu dem niedrigen Kurs viel mehr Aktien kaufen, zeigt aber seine Absicht nicht an.

Da nun viele Marktteilnehmer die große Verkaufsorder sehen, bekommen diese Angst und verkaufen ihre Aktien vorsichtshalber, weil sie einen starken Abverkauf fürchten. Der Kurs fällt, es kommt zu einer kleinen Panik, und der Trader mit den 10.000 Aktien bekommt angenehm günstige Einstiege für seinen Trade. Diese Manipulation findet jeden Tag statt und ist oft Grund dafür, dass gleich nach der Eröffnung die Kurse stark fallen und die Leute aus dem Markt werfen, um dann anschließend neue Hochs zu erreichen. Im Übrigen kann ein Trader, der nur über Technische Analyse handelt, das nicht erkennen und ist daher klar im Nachteil. Das korrekte Interpretieren des Orderflows gehört daher zur notwendigen Fähigkeit eines jeden ernsthaften Traders!

Durch die Panik der Leute schafft der Verkäufer künstlich Liquidität und ist so in der Lage, größere Positionen einzugehen. Das ist nötig, wenn er zum Beispiel 500.000 Aktien kaufen will. Das Spiel geht im Tagesverlauf weiter, bis die komplette Kauforder ausgeführt ist. Hat er es geschafft, jeweils zu Kursen unterhalb des VWAP in den Markt zu kommen, hat er einen guten Job gemacht.

Auch automatische Trading-Systeme nutzen den VWAP als Referenz. Schauen Sie einmal auf die Volumenverteilung im Tagesverlauf. Dort ergibt sich aus den oben genannten Gründen die typische »U«-Form mit den höchsten Punkten zur Eröffnung und zum Schluss. Day-Trader machen die meisten Gewinne zu Beginn und zum Schluss des Handelstages. Um diese Zeiten ist die Volatilität am größten, und wir können uns über eine korrekte Analyse des Orderflows an die Institutionellen Käufer oder Verkäufer anhängen. Machen Sie sich mit dem VWAP vertraut – er spielt für die größten Marktteilnehmer eine wichtige Rolle! Damit Sie auf der richtigen Seite des Trades stehen, sollten Sie die Kursbewegung um den VWAP einige Zeit ansehen und versuchen, wiederkehrende Muster zu erkennen.

Neben der Technischen Analyse können Sie nur über den Orderflow mögliche Käufer und Verkäufer identifizieren und diese mit Ihren eigenen Waffen schlagen, indem Sie mit engem Stop vor großen Orders in den Markt kommen.

Momentum

Die Veränderung des Kurses gibt Ihnen wichtige Informationen über das Verhalten der Marktteilnehmer. Momentum ist genauer definiert als die Veränderungsrate oder Geschwindigkeit, mit der sich der Kurs nach oben oder unten bewegt. Wenn das Momentum stark und positiv ist, dann zeigt das Wertpapier schneller höhere Hochs und tiefere Tiefs. Warum auch immer die Marktteilnehmer kaufen, der Kurs steigt immer nur, weil mehr Käufer als Verkäufer im Markt sind. Je stärker das Momentum im Markt, desto extremer werden die Kursveränderungen und desto besser werden Ihre Chancen. Steigt das Momentum einhergehend mit dem Volumen an, dann haben Sie eine Indikation dafür, dass die Kurse vermutlich erst einmal weiter steigen werden.

Fibonacci-Zahlen und Elliot Wave

Im Day-Trading müssen Sie immer verschiedene Analysetools einsetzen, um zu einer vernünftigen Prognose zu kommen. Eine Möglichkeit bieten die Fibonacci-Zahlen und die Elliot-Wave-Analysemethode. Das Fibonacci-Konzept erfreut sich aufgrund seiner einfachen Anwendbarkeit einer großen Beliebtheit. Bei der Fibonacci-Zahlenfolge handelt es sich um eine Zahlenreihe (0, 1, 1, 2, 3, 5, 8, 13, ...). Man erhält die jeweils folgende Zahl durch Addition der beiden Vorgänger (3 + 5 = 8, 5 + 8 = 13, ...). Für Trader ist vor allem die daraus resultierende Zahl 61,8 Prozent (das Verhältnis einer Zahl zu ihrem Nachfolger) und der Gegenwert von 38,2 Prozent (100 Prozent – 61,8 Prozent) interessant. Diese beiden Quotienten werden genutzt, um nach einer Kursbewegung das voraussichtliche Ausmaß einer Korrekturbewegung abzuschätzen. Die daraus resultierenden Fibonacci-Niveaus dienen als wichtige charttechnische Levels. Weiter können damit sinnvoll Kursziele bestimmt werden.

Bei dem Einsatz von Fibonacci-Zahlen sollte man darauf achten, dass der Markt in der Regel nicht auf den Pip/Cent genau wendet. Häufig ist auch ein kurzes Verweilen auf dem Niveau zu beobachten, bevor der Markt seine Bewegung weiter fortsetzt. Sobald eine Fibonacci-Marke einmal verletzt wurde, ist sie in der Folge als ungültig zu betrachten und nicht weiter in die Analyse mit einzubeziehen. Es empfiehlt sich, Fibonacci-Zahlen in Kombination mit einem weiteren Ansatz anzuwenden. Je mehr Hinweise Sie für Kursbewegungen finden, desto besser. Fällt ein Fibonacci-Niveau beispielsweise mit einer wichtigen Unterstützungslinie sowie einem überkauften RSI (Relative-Stärke-Index) zusammen, ergibt sich häufig ein starkes Signal. Besonders nach starken Intraday Abverkäufen macht es Sinn, auf diese Retracements zu achten. Sie finden bei den meisten Brokern die Möglichkeit, Trends mit Fibonacci-Retracements einzuzeichnen. Hier finden Sie ein Beispiel:

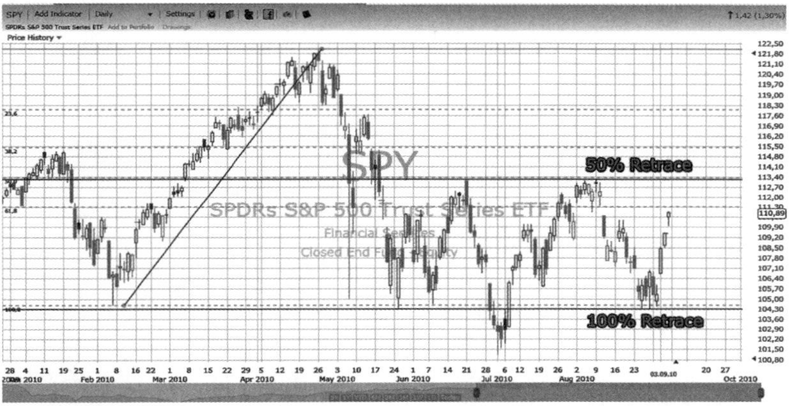

»Fibonacci Retracements – Dollar SPY – seit dem letzten übergeordneten Tief bilden das 50-Prozent- und das 100-Prozent-Retracement die Tradingrange«, Quelle: www.freestockcharts.com

Kerzencharts – nur der Kurs zählt

Candlestick-Charts sind eine andere Art Balkencharts, in denen Umkehrpunkte leichter erkennbar sind. Der japanische Reishändler Munehisa Homma (»Gott der Märkte«, geb. 1724) war der Erste, der aus einer langjährigen Aufzeichnung der Preise an der japanischen Reisbörse die Darstellungsform der Kerzencharts entwickelte und die Analyse der Kerzencharts für die Prognose der Preisentwicklung für den Reis nutzte. Praktisch jeder Scalper verwendet Candlestick-Charts. Kaufen Sie sich ein Buch zum Thema und studieren Sie die Muster. Die Spanne zwischen Eröffnungs- und Schlusskurs wird als Körper dargestellt, darüber hinausragende Schwankungen werden als Docht oder oberer Schatten, darunter ragende Schwankungen als Lunte oder unterer Schatten dargestellt. Um kenntlich zu machen, ob der Schlusskurs höher oder tiefer als der Eröffnungskurs liegt, haben die Kerzen unterschiedliche Darstellungen bzw. Farben. In der Regel ist die Kerze hohl bzw. weiß oder grün, falls der Schlusskurs höher liegt, und ausgefüllt bzw. schwarz oder rot, falls dieser niedriger liegt. Kerzen ohne Körper, sogenannte Doji (japanisch für Dolch) entstehen, wenn Eröffnungs- und Schlusskurse sehr eng beieinanderliegen.

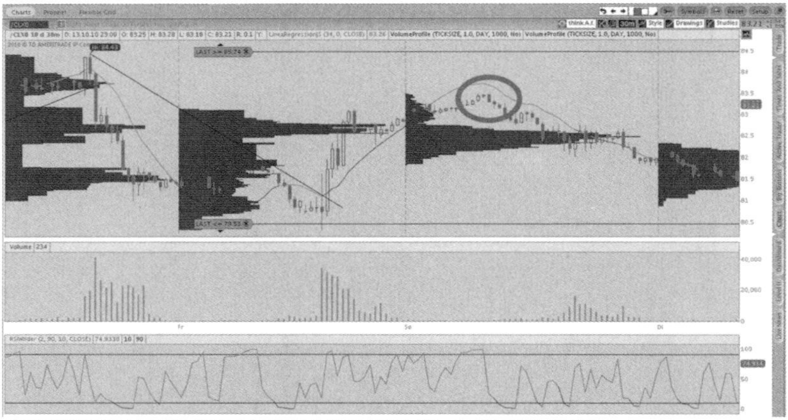

»Doji und Bearish Engulfing Pattern leuten den Down-Trend ein!«, Quelle: Thinkorswim

Indikatoren

Die Technische Analyse bietet Ihnen einige Unterstützungen an, um Ihnen potentielle Trends und Umkehrpunkte zu signalisieren. Indikatoren sind programmierte Algorithmen, die unterschiedliche Berechnungen mit der vergangenen Kursentwicklung durchführen und Ihnen (grafische) Hinweise zur Interpretation möglicher Ein- und Ausstiege liefern. Wichtig dabei ist zu wissen, dass jeder Indikator immer nur eine Analyse der vergangenen Kurse bietet und nie als Ein- und Ausstiegskriterium allein verwendet werden sollte. Ein Indikator ist eine mathematische Berechnung, die im Chart Ereignisse visualisiert. Kein Indikator dieser Welt kann Ihnen die Zukunft voraussagen. Trader, die sich nur auf Signale von Indikatoren verlassen, sind keine Trader, sondern schnell pleite. Sie wissen bereits, dass nur die Kombination aus Erfahrung und technischen Hilfsmitteln wie Mustererkennung und Indikatorenberechnung sinnvoll und aussagekräftig ist.

> Beginn eines Trends
> Stärke eines Trends
> Korrekturen innerhalb eines Trends

> Das Ende eines Trends
> Seitwärtsphasen

Jeder Indikator funktioniert nur in »seiner« optimalen Marktphase, und jeder Trader sollte eine Sammlung an Indikatoren für sich bereit haben.

RSI

Mit dem RSI – dem Relative-Stärke-Index – haben Sie einen Indikator in Ihrer Werkzeugkiste, der Ihnen anzeigen kann, wann ein Wert überverkauft oder überkauft ist, also Zustände der maximalen Panik oder der Euphorie widerspiegelt. Der RSI-Indikator zeigt Ihnen an, ob die durchschnittliche Aufwärtsbewegung größer ist als die durchschnittliche Abwärtsbewegung einer definierten Zeitperiode (meist 14 Tage) und umgekehrt. Werte zwischen 20 und 80 sind »Normalwerte«, Werte jenseits dieser Grenzen zeigen extreme Kursbereiche an: Überkauft (größer 80) und überverkauft (kleiner 20). An diesen Kursbereichen können Sie im Chart zum Beispiel nach Umkehrsignalen suchen. Wenn Sie beispielsweise am 5-Minuten-Chart einen extremen Wert haben, dann wechseln Sie auf den 233-Tick-Chart und suchen hier nach schnellen Trends in die mögliche Korrekturrichtung.

Moving Averages

Gleitende Durchschnitte (Moving Averages = MA) zeigen Ihnen schnell und einfach die Trendrichtung an, egal ob am Monats-, Tages-, Minuten- oder Tick-Chart! Eine geglättete Linie zeigt Ihnen, ohne das Marktrauschen zu berücksichtigen, den dominanten Trend an. Für die Berechnung des gleitenden Durchschnitts werden typischerweise mindestens 15 bis 20 Zeitperioden einbezogen, also die letzten 15 bis 20 Kerzen. Idealerweise finden in der Technischen Analyse jeweils zwei gleitende Durchschnitte Verwendung: ein »schneller« (wenig Zeitperioden) und ein »träger« (mindestens doppelt so viele Zeitperioden).

Schneidet die kurzfristige Durchschnittslinie die langfristige, zeigt dieser Schnittpunkt häufig den Beginn oder das Ende einer Trendbewegung an. Im Scalping werden auch gängigerweise drei gleitende Durchschnitte auf einmal verwendet: Ein 34er-Durchschnitt, ein 9er-Durchschnitt und ein 5er. Schneidet der 5er den 34er, gibt es ein Signal zum Trendwechsel.

Lineare Regression

Lineare Regression wird verwendet, um mithilfe von Statistik zukünftige Kursbewegungen vorherzusagen. Die lineare Regression ist ein Indikator, der einem helfen kann, schneller Entrys und Exits im Markt zu definieren. Obwohl die lineare Regression aussieht wie ein gleitender Durchschnitt, reagiert sie viel schneller. Mit dem Indikator versucht man, die aktuelle Kursbewegung mit der vergangenen ins Verhältnis zu setzen und herauszufinden, ob der Kurs sich eher auf der Long- als auf der Short-Seite bewegen wird. Die Berechnung der linearen Regression durchzuführen sprengt jedoch den Rahmen dieses Buches.

MACD-Histogramm

Das MACD-Histogramm misst den Abstand des MACD (Moving Average Convergence/Divergence) zu seiner Signallinie. Der MACD generiert Signale für überkaufte und überverkaufte Situationen und zeigt Trendwechsel an. Steigt der MACD und der Wert befindet sich in einem Aufwärtstrend oder fällt der MACD und der Wert befindet sich in einem Abwärtstrend, so kann der MACD auch als Trend-Indikator herangezogen werden. Eine wachsende Divergenz zu der Null-Linie zeigt also eine zunehmende Stärke des vorherrschenden Trends. Fällt hingegen der MACD, so zeigt der Trend Schwäche. Mit dem MACD können auch bullishe/bearishe Divergenzen zu dem Basiswert aufgedeckt werden:

> Markiert der Basiswert neue Hochstände, der MACD ist jedoch fallend, so liegt eine bearishe Divergenz vor.
> Fällt der Basiswert, der MACD notiert jedoch steigend, so liegt eine bullishe Divergenz vor.

Das MACD-Histogramm wird berechnet, indem vom Wert des MACD der Wert seiner Signallinie subtrahiert wird. Folglich hat das MACD-Histogramm einen Wert von null, wenn der MACD seine Signallinie schneidet. Einfach gesagt, zeigt Ihnen das MACD-Histogramm die Stärke der Bullen und Bären. Die Neigung zeigt die vorherrschende Marktgruppe (Bullen/Käufer oder Bären/Verkäufer). Steigt das MACD-Histogramm an, deutet dies auf starke Bullen hin. Ein fallendes MACD-Histogramm deutet auf eine Stärkung der Bären hin. Die besten Kaufsignale ergeben sich, wenn das MACD-Histogramm unterhalb der Nulllinie verläuft und nach oben dreht. Ein gutes Verkaufssignal ist es, wenn das MACD-Histogramm oberhalb der Nulllinie sich nach unten neigt.

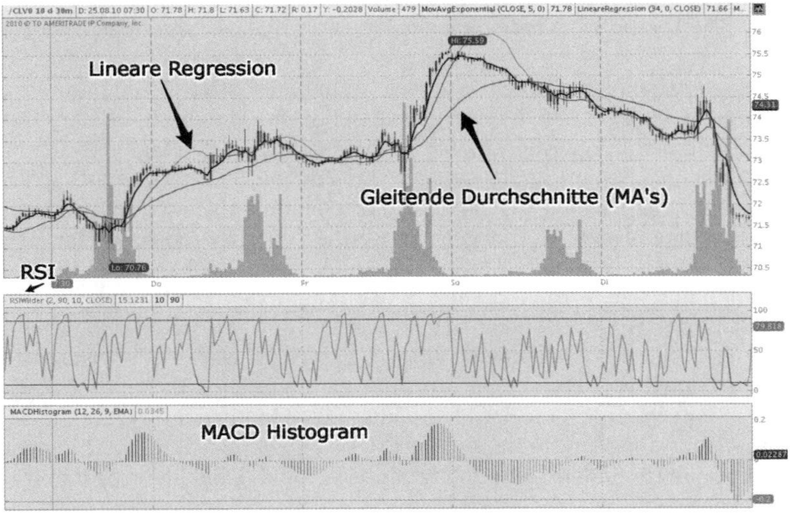

»Öl-Future, 30-Minuten-Chart mit wichtigen Indikatoren: RSI, Moving Averages, lineare Regression, MACD-Histogramm«, Quelle: Thinkorswim

Short-Interest-Ratio & Short-Squeeze

Short-Selling ist eine Möglichkeit, Geld zu verdienen, wenn ein Wertpapier fällt. Im Optionsmarkt und im Futures-Markt entscheiden sich die Händler, gegenseitig die Kontrakte zu tauschen. Im Aktienmarkt und im Anleihenmarkt ist es etwas komplizierter. Der Short-Seller leiht sich die Aktie oder die Anleihe durch den Broker und verkauft diese leer. Idealerweise fällt anschließend der Kurs und der Short-Seller kann das Wertpapier dann zu einem günstigeren Kurs zurückkaufen. Als Trader gehen Sie nur aus einem Grund eine Short-Position ein: Sie glauben, dass der Kurs fallen wird. Im Aktienmarkt kann Ihnen das Beobachten der Short-Selling-Rate einen Hinweis darauf geben, wie die Erwartungen der Marktteilnehmer in Bezug auf die Marktrichtung sind. Die New York Stock Exchange und der NASDAQ zeigen den Short-Interest bei Aktien, die an der jeweiligen Börse gelistet sind. Die Ergebnisse werden im »Short-Interest-Ratio« dargestellt.

Diese Kennzahl zeigt Ihnen, wie viele Aktien geshortet wurden, die Veränderung zum letzten Monat und das tägliche durchschnittliche Trading-Volumen im gleichen Monat sowie die Anzahl der Tage mit durchschnittlichem Volumen, die es braucht, um die Short-Positionen glattzustellen. Die Kredite, die für das Short-Selling aufgenommen werden, müssen irgendwann zurückgezahlt werden. Je schwieriger es für den Trader wird, die nötige Anzahl an Aktien zum Rückkauf zu finden, desto panischer wird der Short-Seller. Ein hohes Short-Interest-Ratio heißt also, dass die Händler nervös werden und die Trader schon bald ihre Positionen zurückkaufen müssen. Die Folge wäre ein sogenannter »Short-Squeeze« – ein heftiger Kursanstieg in kurzer Zeit. Ein sehr niedriges Short-Interest-Ratio deutet auf eher fallende Kurse hin. Genau diese Situationen im Markt können Sie als Scalper perfekt traden. In einem Short-Squeeze finden Sie intraday saubere Trends, die Sie profitabel traden können.

Market Internals

Neben der klassischen Technischen Analyse (Trendlinien, Widerstände und Unterstützungen, Chartformationen) bieten sich dem Trader zusätzlich eine Vielzahl von weiteren Informationen, die eine umfassende Bewertung des aktuellen Handelsgeschehens ermöglichen. Die sogenannten »Market Internals« erlauben hierbei einen Blick auf die Triebkräfte von Angebot und Nachfrage (also der Geldfluss in den Markt und aus dem Markt) und ermöglichen einen komplementären Einsatz zur Technischen Analyse.

Es gibt eine Vielzahl von Kennzahlen, die von den Electronic Communication Networks (ECNs), wie NYSE oder NASDAQ, gesammelt und ausgegeben werden. Dazu zählen unter anderem das Tape (ermöglicht die Orderflow-Analyse), $TICK, BANK und DollarVIX.

In der gängigen Trading-Literatur wird nur wenig über die Market Internals und ihren praktischen Einsatz berichtet. Dieser Abschnitt erläutert Ihnen daher einen Handelsansatz, der zusätzliche Bestätigung beim Timing der Einstiege in Futures wie dem E-Mini S&P (/ES) generiert und somit die Tradeanzahl reduzieren und die Gewinnwahrscheinlichkeit erhöhen kann.

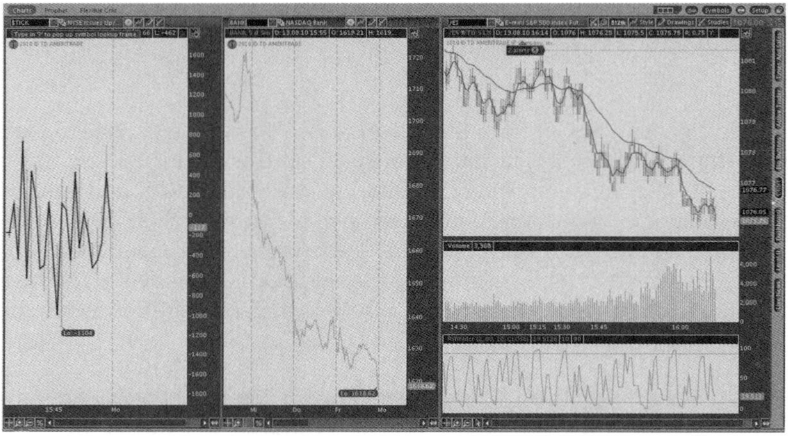

»In dieser Abbildung sehen Sie einen Screenshot einer gängigen Futures-Plattform. Insgesamt finden sich drei Charts auf der Abbildung wieder«, Quelle: Thinkorswim

Links: der TICK
Mitte: BANK (ohne besondere Verwendung für dieses Beispiel)
Rechts: E-Mini S&P Future

Der TICK vergleicht die Anzahl der steigenden Aktien mit der Anzahl der fallenden Aktien an der NYSE. Ist der TICK positiv, bedeutet das, dass mehr Aktien an der NYSE steigen als fallen (und vice versa). TICK-Werte über + 1000 und unter –1000 sind Extreme und signalisieren stark überkaufte (+) oder überverkaufte (–) Bedingungen, die zu Reversals (Umkehrpunkten im Markt) führen können. Wenn Sie den TICK richtig interpretieren, kann Ihnen dieser Indikator wichtige Informationen zu Ihrer Kauf- (long oder buy to cover) oder Verkaufsentscheidung (short oder sell) liefern.

Der TICK liefert also eine rasche Aussage über das Marktsentiment. Wie so oft beim Trading bietet die Einzelbetrachtung eines Indikators meist kaum Mehrwert für die Handelsentscheidung. Aus diesem Grund sollten Sie den TICK nicht isoliert betrachten, sondern in Kombination mit dem tatsächlichen Kurs des Basiswerts sowie dem BANK Index. Zu Beginn des Handelstages etabliert der TICK fast immer eine bestimmte Range, die er im Tagesverlauf dann zu Gunsten neuer Extremwerte verlässt.

Für Sie als Day-Trader gilt es, diese extremen »Tickreadings« zu erkennen. Dabei hat es sich etabliert, ein Kontratrend-System zu handeln. Konkret bedeutet das: Neue TICK-Tiefs generieren Long-Signale (bzw. Verkaufsstops) und neue TICK-Highs liefern Short-Signale (bzw. »Kaufstop«). Einer der wichtigsten Gründe für diesen Kontratrend-Ansatz liefern die Marktteilnehmer selbst. Gerade in den Futures-Märkten wird ein Großteil des Volumens durch automatisierte Handelssysteme generiert. Einige Handelssysteme nutzen den TICK als Filter für die Signalgebung, Dieses Wissen können Sie für sich ausnutzen und so in die Richtung des »Smart-Money« handeln, während gegebenenfalls noch kein charttechnisch sauberes Muster oder Signal entstanden ist.

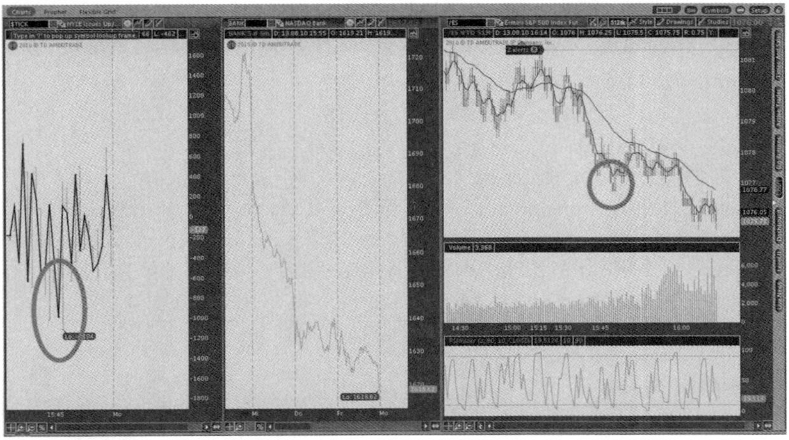

»Market Internals«, Quelle: Thinkorswim

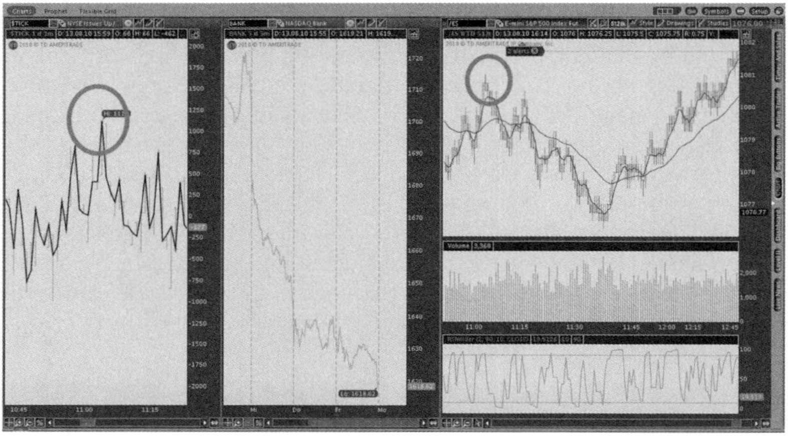

»Market Internals«, Quelle: Thinkorswim

Wenn der TICK einen neuen Extremwert abbildet, wird im E-Mini S&P Future die Kontratrendposition eingegangen. Da es hier darum geht, nur wenige Ticks einzusammeln, wird diese Strategie mit hoher Positionsgröße getradet. Wenn möglich, lässt sich diese Strategie mit der Technischen Analyse verbinden: So ist es möglich, gegen den Trend in den übergeordneten Stunden- oder gar Tagestrend einzusteigen.

Der BANK Index

In der mittleren Spalte der Abbildung findet sich der BANK Index. Der BANK Index hat eine positive Korrelation zum E-Mini S&P Future (ES) und ist erfahrungsgemäß ein führender Index. Der BANK Index zeigt häufig noch vor dem ES die Kursrichtung an. Fallende Kurse oder gar Extremwerte im BANK (neue Tiefs/Hochs auf Intradaybasis) lassen Schlüsse auf die nächste Bewegung des ES zu. Trivial ausgedrückt lässt sich sagen: »Fällt der BANK, fällt der ES wenig später« und umgekehrt.

Zusammenfassung

Market Internals bieten dem fortgeschrittenen Trader zusätzliche Informationen zum Kursgeschehen. Durch die Anwendung der oben genannten TICK-Regel als Filter im algorithmischen Trading findet sich häufig deutliche Kontra-Partizipation in extremen Tick-Readings. Diese Tatsache erhöht die Trefferquote ungemein, ist für den privaten Trader aufgrund ihrer Geschwindigkeit allerdings eine Herausforderung und stellt höchste Ansprüche an Technik, Aufmerksamkeit und Orderausführung. Aus diesen Gründen ist oben genannte Strategie besonders für Scalper geeignet.

Der TRIN und der VIX

Im oben genannten Beispiel finden diese beiden Indikatoren keine Anwendung, sie können aber komplementär eingesetzt werden.

Der TRIN-Indikator

TRIN ist die Abkürzung für »Trading Indicator« – ebenfalls ein Sentiment-Indikator (für NYSE und NASDAQ verfügbar), der eine Aussage darüber trifft, wie viele Kurse steigen – relativ zu fallenden Kursen. Die Besonderheit liegt darin, dass der TRIN-Indikator das Volumen in die Berechnung mit einbezieht und so eine Aussage darüber trifft, wie viel Volumen hinter steigenden oder fallenden Kursen steht.

Die Formel zur Berechnung des TRIN lautet:

[(Anstiege/Rückgänge) / (Volumen steigender Aktien/Volumen fallender Aktien)]

Ist TRIN kleiner als eins, bedeutet das eine deutliche Partizipation von Käufern. Umgekehrt drückt ein TRIN größer als eins ein starkes Engagement der Verkäufer aus.

In der folgenden Abbildung findet sich ein Intradaybeispiel vom 11.8:

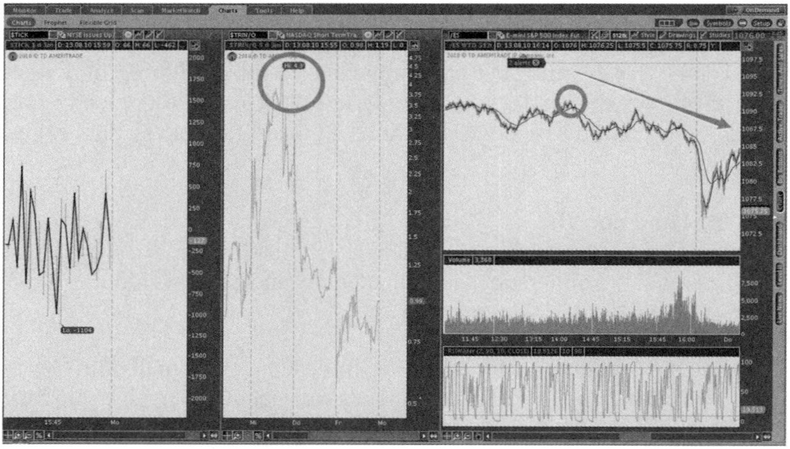

»Market Internals«, Quelle: Thinkorswim

Hier erreicht der TRIN/Q (NASDAQ TRIN) Extremwerte intraday von 4,3 (bearish!) um 14.15 Uhr. Anschließend kommt es zu einer deutlichen Abverkaufswelle mit neuen Tiefs im E-Mini S&P 500 Future.

VIX – der Volatilitäts-Index misst Angst und Unsicherheit im Markt. Angst und Gier sind die Triebfedern des Marktgeschehens. Sobald Kursbewegungen emotional getragen werden, wollen wir als Day-Trader den Markt verlassen, um uns vor unkalkulierbaren Kursverläufen, die häufig im Anschluss an überspekulierte Basiswerte folgen, zu schützen (intraday). Sobald Unsicherheit in den Markt kommt, können wir hier auf der Short-Seite deutlich profitieren. Der VIX hilft uns, die Unsicherheit im Markt zu messen.

Der CBOE Volatility Index (VIX) nutzt die Verhältnisse von Put- und Call-Optionen als Grundlage, um zukünftige Volatilität zu berechnen und für den S&P 500 anzuzeigen. Ähnliche Indikatoren gibt es im Übrigen auch für den Dow Jones (VXD) und den NASDAQ 100 (VXN).

Der VIX wird auch »Angst-Index« genannt. Ein steigender VIX (größer 30) zeigt an, dass sich das Tradersentiment zu Gunsten größerer Volatilität und größeren Risikos ändert. Ein niedriger VIX (20) zeigt »angstfreie« Märkte ohne große Volatilität an.

Eine Übersicht über TICK und TRIN an der NYSE und am NASDAQ im Tagesverlauf findet sich in folgender Abbildung.

Indices

Indices	10:00	11:00	12:00	13:00	14:00	15:00	Close	Level
Dow Jones	+7.57	-15.74	-16.80	+17.60	+23.43	+6.36	-16.80	10303.15
Dow Transports	-9.54	-12.95	-22.32	-11.27	-12.28	-19.25	-35.15	401.81
Dow Utilities	+2.74	+2.44	+2.38	+3.17	+2.98	+2.21	+1.12	387.70
Nasdaq	-4.14	-11.20	-10.91	-4.85	-4.27	-7.86	-16.79	2173.48
S&P 500	+0.96	-2.22	-2.87	+0.44	+0.61	-1.45	-4.36	1079.25
S&P 500 Premium	5.87	1.89	2.93	3.55	1.03	2.01	na	3.15
Russell 2000	-1.34	-4.83	-4.77	-2.37	-1.78	-4.32	-7.49	609.49
OEX	+0.46	-1.19	-1.37	+0.03	+0.02	-0.69	-1.98	490.59
SOX	+2.13	+0.63	+0.33	+1.21	+0.63	-0.50	-3.01	322.74
CRB Index	+0.33	+0.13	-0.39	-0.49	-0.18	-0.12	-0.12	268.79
10-Year Note	+9/32	+13/32	+13/32	+13/32	+14/32	+16/32	+19/32	2.68%
JPY/USD	85.92	86.27	86.21	86.20	86.23	86.22	86.28	—
USD/EUR	1.2813	1.2762	1.2766	1.2787	1.2782	1.2757	1.2755	—
Cash Gold	1215.00	1213.50	1213.50	1213.50	1214.90	1214.90	1214.90	—

NYSE Data

Indices	10:00	11:00	12:00	13:00	14:00	15:00	Close
Volume	123.0	255.9	318.2	378.1	438.4	536.49	870.05
Up Volume	80.3	124.7	144.9	212.3	258.1	266.08	353.26
Down Volume	40.6	126.3	165.2	160.3	172.3	259.85	505.88
Advancers	1514	1372	1340	1616	1727	1510	1367
Decliners	1166	1456	1539	1295	1192	1445	1637
New Highs	44	72	87	110	123	143	164
New Lows	14	30	35	38	40	46	56
Tick	739.0	-0.99	166.0	594.0	-86.0	-750	-841
TRIN	0.6	0.95	1.00	0.92	0.99	1.02	1.18

NASDAQ Data

Indices	10:00	11:00	12:00	13:00	14:00	15:00	Close
Volume	264.0	576.6	720.8	869.7	1007.4	1192.97	1609.99
Up Volume	134.7	202.9	238.6	433.9	486.7	526.96	418.00
Down Volume	121.3	363.2	430.4	426.3	502.5	648.55	1097.83
Advancers	974	802	844	1021	1150	980	774
Decliners	1185	1563	1584	1447	1348	1564	1798
New Highs	9	13	14	15	15	15	16
New Lows	51	82	87	92	98	104	119

»NYSE und NASDAQ Market Internals«, Quelle: CNN Money

Tape-Reading – Level 2 und Times & Sales

Tape-Reading ist das »Herzstück« des kurzfristigen Tradings und ist definiert als die Kunst der Bestimmung des sofortigen Kurs-Trends. Unabhängig von den gewählten Zeitebenen wird die Kursbewegung mit den aufgewendeten Handelsvolumina analysiert. Tape-Reading (unter anderem Level 2 + Times & Sales) ist eine der ältesten Trading-Techniken, die es gibt. Trading-Techniken bestehen darin, durch das Studieren des Kurses und des Orderflows mögliche Marktbewegungen zu antizipieren. Im Gegenzug zur reinen Technischen Analyse, die als »verzögerter« Indikator fungiert (Lagging Indicator), sind wir mit dem Tape-Reading der Technischen Analyse einen Schritt voraus und können noch vor dem Chartprint Kursbewegungen erkennen (Leading Indicator). Dieser Abschnitt soll Anregungen geben, wie Sie ergänzend zur Technischen Analyse ihre Ein- und Ausstiege intraday verbessern können.

Gerade vor dem elektronischen Trading basierten alle getroffenen Handelsentscheidungen auf dem Ticker. Schon Jesse Livermore, einer der bekanntesten Spekulanten des letzten Jahrhunderts, handelte mithilfe des Tapes. Das, was die alten Tape-Reader gesehen haben, war nur der Kurs und das Handelsvolumen auf einem Ticker-Band – mehr nicht. Keine Charts oder sonstigen technischen Hilfsmittel standen realtime zur Verfügung. Erst durch die technische Revolution entstand die Möglichkeit, die Kursinformationen neu aufzubereiten und darzustellen. Heute reicht die Informationsdarstellung bis zu virtuellen Performance-Maps, die jeder Privatanleger, zum Beispiel auf www.finviz.com, online abrufen kann.

Natürlich wurden auch damals schon Charts von Hand gezeichnet, vermutlich jedoch lediglich zur Vorbereitung auf den Handelstag oder um die grobe Orientierung sicherzustellen. Die Tape-Reader saßen stundenlang hochkonzentriert vor dem Ticker und versuchten, den zukünftigen Handelsverlauf herauszufinden. Ziel war es immer, das Volumen sowie den dahinterstehenden Geldfluss der Big Player (Institutionelle Marktteilnehmer) zu interpretieren – also nichts anderes als die Analyse von Angebot und Nachfrage. Ist die Nachfrage höher als das Angebot, steigt der Kurs und vice versa. Wichtig zu wissen ist, dass Charts ja immer nur Schlusskurse einer bestimmten Periode darstellen können. Sehen Sie die Candlesticks am Tageschart, dann wissen Sie nur, wo der Anfangs-/Schlusskurs und das Tageshoch/-tief war. Das Gleiche gilt, wenn Sie am 5-Minuten-Chart handeln.

Was innerhalb der jeweiligen 5 Minuten genau passiert, ist nicht dargestellt. Wenn Sie aber den 5-Minuten-Chart traden und nebenbei das Level 2 und die Times-&-Sales-Liste beobachten, sehen Sie genau, was der Markt innerhalb dieser Zeit macht. Sie sind so nahe am Markt wie möglich. Level-2-Daten werden auch »high-level price quote data« genannt und sind zum Beispiel über die NASDAQ-Börse verfügbar. Dort können Sie sehen, wer die Orders am Markt platziert und wie groß diese Orders sind. Sie können aufgrund des Verhaltens ein Gespür dafür bekommen, wie wichtig und einflussreich die Käufer und Verkäufer sind. Ziel ist es, herauszufinden, wo substantielle Zu- oder Verkäufe bei einem Titel stattfinden.

Im Prinzip ist Tape-Reading nichts anderes, als das aktuelle Kursverhalten zu analysieren, um herauszufinden, ob der Trend nach oben oder nach unten zeigen wird. Unabhängig von Nachrichten zählt nur die Kursbewegung. Sie zeigt uns, wie die Händler auf die News reagieren. Das Tape-Reading hilft Ihnen dabei, große Orders ausfindig zu machen und das Verhalten der anderen Trader, besonders der großen Trader, zu verstehen.

Wenn Sie das Level 2 das erste Mal ansehen, werden Sie mit den Informationen sehr wahrscheinlich überfordert sein. Es sieht fast so aus, als wären die schnellen Bewegungen zufällig oder chaotisch. Erst nach ausführlichem und gründlichem Studieren des Tapes werden Sie Muster erkennen. Was Sie im Level 2 sehen können, sind die Stückzahlen der Orders. Sie können herausfinden, ob große Käufer oder Verkäufer dabei sind, Ihren Titel zu handeln. Diese Big Player diktieren immer die Richtung des Marktes. Wenn Großbanken wie Goldman Sachs oder JP Morgan ihre Positionen in einer Aktie abstoßen müssen, dann kann es zu Verkaufswellen kommen, bei denen gängige Aktien intraday mehrere Prozent Kursverluste machen. Genau hier liegt Ihre Chance, um von diesen Bewegungen zu profitieren.

Stärke und Schwäche im Orderbuch

Retail-Trader wie Sie und wir bewegen in der Regel keine Aktien, die über 10 Dollar notieren. Die Marktteilnehmer, die starke Intradaybewegungen verursachen, sind Institutionelle Händler, wie zum Beispiel Großbanken. Ihr Ziel als Day-Trader ist es, diesen großen Orders intraday zu folgen, um von den Cent-Bewegungen zu profitieren. Dem Momentum der großen Käufer zu folgen ist eine hervorragende Technik, um kurzfristige Trends zu handeln. Fragen Sie sich immer, was die Hedgefonds, Banken und Versicherungen im Moment machen würden, und versuchen Sie, die Aktien mit dem größten institutionellen Interesse zu finden. Denn genau dort liegen immer die besten Chancen. Besonders in Extremsituationen, wie zum Beispiel der Finanzkrise, gab es 10-bis-20-Dollar-Bewegungen, die Sie intraday handeln konnten. Wenn Käufer oder Verkäufer aggressiv an einem bestimmten Level kaufen, dann sehen Sie das an sich wiederholenden Kursen im Orderbuch sowie an ungewöhnlich großen Orders eines bestimmten ECN auf dem Bid oder dem Ask. Oft erkennen Sie auch an der Geschwindigkeit des Tapes das Interesse der Institutionellen Anleger. Diese Tatsache können Sie nutzen und vor den großen Orders in den Markt gehen. So »hängen« Sie sich an Institutionelle Marktteilnehmer an.

Die Herausforderung durch HFTs – High-Frequency-Trading-Programme

In den letzten Jahren hat sich ein Trend unter Großbanken und Hedgefonds entwickelt: Hochkomplexe automatisierte Trading-Programme zu entwickeln, die innerhalb von Millisekunden Trades ausführen, noch bevor Sie diese überhaupt sehen können. Diese automatisierten Trading-Computer sind regelrecht darauf spezialisiert, Ihre Orders abzufischen, um daraufhin wieder in die Trendrichtung fortzusetzen – allerdings ohne Sie! Es ist ein Spiel um Cents oder Ticks.

Mithilfe des Tape-Reading können Sie diese Trading-Maschinen erkennen und sogar von ihnen profitieren. HFTs bringen mehr Volatilität in die Märkte. Achten Sie im Tape besonders an Pivot-Punkten und wichtigen Levels im Chart darauf, ob zum Beispiel ungewöhnlich große Orders zu finden sind. Big Player erkennen Sie daran, dass die Stückzahl der Kauf- oder Verkauforders überproportional groß ist. Mit dem Tape können Sie herausfinden, wie die Marktteilnehmer an wichtigen charttechnischen Marken reagieren. Wenn Sie zum Beispiel sehen, dass ein großer Käufer zu einem bestimmten Kurs kaufen will, seine Order wird aber zum gewünschten Kurs nicht ausgeführt, weil es nicht genügend Verkäufer zum entsprechenden Kurs gibt, muss er sein Angebot erhöhen, um in den Trade zu kommen. Tut er das, bedeutet das, dass er aggressiv kauft, weil er unbedingt in den Trade will. Wenn der Kurs sich an einem wichtigen Unterstützungspunkt im Chart befindet, bahnbrechende Neuigkeiten über das Unternehmen herausgekommen sind und der Kurs höher läuft, dann haben Sie meist einen großen Marktteilnehmer »im Rücken«, und es ist wahrscheinlich, dass Ihre Long-Position sofort in den Gewinn laufen wird.

Beim Tape-Reading geht es nicht darum, den ganzen Tag auf alle Orders zu starren, die durch das Orderbuch laufen, sondern ein offenes Auge für ungewöhnliches Marktverhalten an Schlüsselniveaus zu haben. Sie wollen die Händler, die den Markt bewegen (Big Players, spezialisierte Market-Maker), finden und deren Trading-Verhalten analysieren und entsprechend aufspringen. Das Tape kann Ihnen zeigen, ob der Markt schwach oder stark ist.

Hier noch ein paar Tipps (lässt sich nicht mit CFDs umsetzen – Sie benötigen einen DMA Access-Broker):

Schritt 1:
Schauen Sie auf die separaten Kästen im Level-2-Fenster. Die Farben und Details variieren je nach Broker.

AAPL Apple Inc

Symbol	Ex	Bid	BS	Ask	AS	Last	Last Size	Volume
AAPL	COMPOSITE	257.25	4	260.00	2	258.77	400,000	18,599,581
AAPL&A	AMEX	257.00	0	259.00	0	258.48	100	7,180
AAPL&B	BSE	0	0	258.52	0	258.62	100	145,424
AAPL&C	CINN	258.40	0	258.87	0	258.65	100	142,242
AAPL&D	ECN BEST	.001	1	9999.00	1	192.06	100	26,134,566
AAPL&I	ISEG	252.35	0	252.89	0	252.84	0	0
AAPL&M	CHXE	258.29	0	258.92	0	256.21	0	29,500
AAPL&N	NYSE	0	0	0	0	137.13	0	0
AAPL&P	ARCA	258.43	0	258.57	0	258.76	200	3,037,175
AAPL&Q	NASDAQ	257.25	4	260.00	2	258.77	752,833	6,007,942
AAPL&W	CBOE	.01	3	999.00	1	191.81	100	23,525,822
AAPL&Z	BATS	0	0	258.75	0	258.74	600	1,070,875

»NASDAQ Level-2-Fenster / Markttiefe mit einzelnen ECNs«, Quelle: thinkorswim.com

Schritt 2:
Achten Sie auf den aktuellen Bid/Ask bzw. Kauf- und Verkaufskurs zusammen mit dem täglichen Volumen.

Schritt 3:
Beachten Sie die Zeit, den Kurs, die Anzahl der Aktien für jeden Trade.

Schritt 4:
Schauen Sie auf die Liste mit den Zahlen der Aktien, die Bid-Kurse/Ask-Kurse von den niedrigsten bis zu den höchsten Kursen. Dieser Kasten beinhaltet alle Trader, von Market-Makern bis zu Broker-Firmen.

Schritt 5:
Versuchen Sie immer, das übergeordnete Bild im Kopf zu behalten. Vergleichen Sie das aktuelle Trading-Volumen immer mit dem durchschnittlichen Volumen des Tages. Hohes Volumen kann zum Beispiel bedeuten, dass wichtige Neuigkeiten herausgekommen sind.

Schritt 6:
Versuchen Sie, diese Information zu verwenden, um große Trader aufzuspüren und herauszufinden, wohin sich der Kurs bewegt. Wenn die Trades groß sind und der Kurs nach oben geht, dann gibt es mehr Nachfrage als Angebot.

Schritt 7:
Achten Sie auf das Momentum des Kurses. Trainieren Sie Ihre Trade-Ausführungsfähigkeiten, um schnell in einen Trade zu kommen oder ihn zu schließen. Wenn der Kurs bei wichtigen Kursniveaus anhält, dann achten Sie besonders auf große Orders und schließen Sie gegebenenfalls den Trade.

Schritt 8:
Studieren Sie alle Bids/Offers für alle Marktteilnehmer. Gibt es mehr große Bids oder Offers für den Titel? Werden Offers schnell aufgekauft? Bietet ein ECN ständig wieder zum gleichen Kurs? Wenn ja, dann hat er wahrscheinlich eine Menge an Aktien zu kaufen! Dies wäre ein bullishes Signal.

Schritt 9:
Versuchen Sie, die spezialisierten Market-Maker neben den Orders zu verfolgen. Wenn ein Käufer oder Verkäufer die meisten Aktien tradet, ist das oft ein Indikator dafür, dass der Kurs in diese Richtung geht.

Schritt 10:
Lernen Sie die Namen der spezialisierten Market-Maker mit ihren Abkürzungen. Es ist gut zu wissen, wer den Markt bewegt. Die spezialisierten Market-Maker sind mit Abkürzungen gelistet und nicht mit vollem Namen. Ein Beispiel: JPM steht für die Bank JP Morgan. Alle spezialisierten Market-Maker haben besondere Namen und Kürzel. Versuchen Sie, diejenigen zu finden, die den Kurs in der Hand haben, weil sie beispielsweise große Stückzahlen einer Aktie loswerden wollen. Gewöhnlich folgt daraufhin eine größere Bewegung.

Schritt 11:
Schauen Sie nicht die ganze Zeit auf das Tape, sondern fokussieren Sie sich nur darauf, wenn der Markt sich auf einem kritischen Niveau befindet. Beispiele hierfür wären: Tagestief, Quartalszahlen werden veröffentlicht und der Kurs hält an Widerstandsniveaus, neues Hoch, Unterstützungsniveau etc. Versuchen Sie, typisches Verhalten im Tape an kritischen Niveaus zu identifizieren, und treffen Sie dann eine Trading-Entscheidung mithilfe des Level 2.

Erkennen Sie an einem »schwachen« Tape (das heißt wenige kleine Orders), dass es besser ist, im Moment keine Trades einzugehen. Kursbewegungen werden nicht von wirklich großen Orders getragen.

Achten Sie besonders auf erhöhtes Volumen zu einem bestimmten Kurs. Wenn das Wertpapier in die Richtung des Intradaytrends ausbricht, dann signalisiert das, dass eine große Order gegenwärtig im Markt ist. Zur Markteröffnung ist das Tape leichter zu lesen, vor allem, wenn es zu der Aktie neue Nachrichten gibt. Bei diesen Aktien finden Sie die einfachsten und besten Trends. Achten Sie ebenfalls auf Unterstützungs- und Widerstandsniveaus, denn genau dort finden Sie häufig leicht zu erkennendes Orderbuchverhalten.

Wenn Sie Tape-Reading lernen wollen, gibt es nur eine Möglichkeit: Sie studieren monatelang das Tape. Mit der Zeit werden Sie Muster erkennen. Viele Trader machen den Fehler zu glauben, Tape-Reading sei etwas für Verrückte, die den ganzen Tag vor dem Bildschirm sitzen und sich blinkende Kurse anschauen. Irgendwann im Laufe Ihrer Karriere werden Sie jedoch einsehen, dass Sie allein mit Charttechnik nicht weit genug kommen. Am Tape können Sie die wirkliche Stimmung und das Verhalten der Big Player erahnen und sich einen Vorteil verschaffen. Wer glaubt, er weiß schon genug über das Traden und braucht seine Komfortzone nicht zu verlassen, kann dieses Buch gleich zumachen und sein Geld anderweitig investieren. Fahren Sie lieber in Urlaub, davon haben Sie wohl mehr! Ohne Tape-Reading werden Sie kein dauerhaft erfolgreicher Day-Trader werden.

Wichtige Informationen zum Orderbuch

Im Orderbuch sammelt der Börsenmakler die Kauf- und Verkaufsaufträge für ein bestimmtes Wertpapier. Aufgrund dieser Order legt er dann seine Kurse am »fairen« Preis fest. Es gibt verschiedene Formen des Orderbuchs. Das offene Orderbuch ist für alle Handelsteilnehmer sichtbar. Daneben gibt es auch Orderbücher, die nur teilweise oder nur für bestimmte Personengruppen sichtbar sind. Die von Market-Makern übermittelten handelbaren An- und Verkaufskurse, die sogenannten Quotes, stellt ein Skontroführer oder QLP (Quality and Liquidity Provider) oder ein vollelektronisches System einander gegenüber und ermittelt so den besten Börsenkurs (Ordermatching).

Newstrading und Marktvorbereitungen

Als Day-Trader müssen Sie sich täglich auf den Markt vorbereiten. Analysieren Sie technische Levels auf übergeordneten Zeitebenen, und setzen Sie Kursalarme für Schlüsselniveaus. Lesen Sie das *Wall Street Journal*, erkundigen Sie sich nach Marktterminen und Wirtschaftsnachrichten. Screenings über www.finviz.com können Ihnen dabei helfen, Titel zu finden, die besonders interessant sind. Erwarten Sie beispielsweise einen positiven Handelstag, können Sie nach den stärksten und schwächsten Titeln des letzten Handelstages suchen. Jeder Handelstag bietet zahlreiche interessante Set-ups, doch Sie können diese nur traden, wenn Sie sich gründlich darauf vorbereiten. Investieren Sie in Ihre Marktvorbereitung mindestens 30 Minuten bis 2 Stunden täglich. Wenn wichtige fundamentale Nachrichten für Unternehmen an der Börse angekündigt werden, die einen langfristigen Einfluss auf das Unternehmen haben, sind Big Player häufig dazu gezwungen, große Positionen abzustoßen oder ihre Positionen aufzustocken. Mithilfe des Tape-Reading, der Technischen Analyse und der fundamentalen Informationen können Sie hiermit erstklassige Intradaytrends zu Scalping finden.

Die richtigen Titel zur richtigen Zeit

Wenn Sie die falschen Titel traden, begrenzen Sie Ihre Gewinne. Sie können ein ausgezeichneter Trader sein und daran scheitern, große Gewinne zu machen, weil Sie die falschen Titel handeln. Als Day-Trader müssen Sie jeden Tag die Titel finden, die Ihnen die besten Chancen bieten. Je mehr klare Trends, institutionelles Interesse und Volatilität, desto höher ist Ihre Chance, außerordentliche Gewinne zu machen. Sie finden in den richtigen Titeln mehr hervorragende Chance-Risiko-Verhältnisse.

Ihr möglicher Verlust in diesen Titeln kann sogar bei vernünftiger Stopsetzung nur wenige Cent ausmachen und Ihr möglicher Gewinn mehrere Punkte. Damit haben Sie ein mehrfach positives Chance-Risiko-Verhältnis und genau nach diesen Set-ups sind wir täglich auf der Suche! Wenn Sie im Falle des Verlustes 1 Dollar verlieren und im Falle eines profitablen Trades 5 Dollar gewinnen, brauchen Sie dann überhaupt noch eine hohe Trefferquote? Nein! Und glauben Sie uns, Sie finden diese Chancen jeden Tag. Wenn Sie Aktien traden, über die wichtige und neue Nachrichten veröffentlicht wurden, dann finden Sie im Orderflow weniger High-Frequency-Trading-Systeme. HFTs sollten den geübten Profi-Day-Tradern überlassen werden. Sicher können Sie auch diszipliniert jeden Tag die gleichen Aktien und Futures beobachten, doch warum sollten Sie sich nicht flexibel auf die besten Chancen, die der Markt bietet, einlassen? Wir sind der Meinung, Sie müssen dort hingehen, wo die besten Chancen liegen.

Der Währungsmarkt ist nicht unser Spezialgebiet, doch die Chancen, die der EUR/USD-Wechselkurs 2010 im Zusammenhang mit dem Desaster in Griechenland bot, wollten wir uns nicht entgehen lassen. Warum hätten wir in dieser Zeit Aktien oder Rohstoffe traden sollen, wenn der EUR/USD-Wechselkurs in dieser Zeit mehrere Prozent Intradayschwankungen bot und das Bild glasklar war? Toptrader unterscheiden sich von Amateuren unter anderem dadurch, dass sie in solchen Situationen bewusst mit dem Risiko aggressiv werden. 2008 war es Zeit, aggressiv zu shorten, 2009 war es Zeit, aggressiv zu kaufen, und im Frühjahr 2010 galt es, den Euro in die Hölle zu reiten. Wir nennen es kontrollierte Aggression, und diese Strategie bringt einen Return of Investment, von dem Sie nur träumen können. Welche Methoden der Technischen Analyse Sie auch verwenden, ob Fibonacci-Retracement, Stochastik oder exponentiell geglättete Durchschnitte – die besten Intradaychancen bieten Aktien, die von den Institutionellen Händlern stark gekauft und verkauft werden, denn da finden Sie die meiste Volatilität und die schönsten Trends.

Doch wie finden Sie diese Titel? Dazu gibt es keine festen Regeln. Sie finden diese Wertpapiere jedoch am ehesten, wenn viele der folgenden Gegebenheiten zutreffen:

> Ihr Titel ist überall in den Medien, weil wichtige Nachrichten veröffentlicht wurden
> Er gehört zu den Topverlierern oder Topgewinnern an der Börse
> Das Volumen ist überdurchschnittlich hoch

- Bedrohliche geopolitische Ereignisse, die das Unternehmen gefährden (Erdbeben, kaputte Pipelines, Ölkatastrophen wie im Golf von Mexiko)
- Konflikte oder Skandale in der Unternehmensführung
- Pharmaprodukte werden von den Behörden zugelassen oder abgelehnt
- Quartalsergebnisse mit außerordentlich positiven oder negativen Ergebnissen
- Neue Produkte des Unternehmens werden auf den Markt gebracht
- Sehr markante Schlüsselniveaus werden gebrochen
- Der RSI-Indikator steht am Wochenchart auf dem Extrem (90 oder 10 bei Standardeinstellung)
- Wachstumsraten unter oder über den Erwartungen der Wall Street (BIP, Quartalsberichte, Arbeitslosenquote etc.)

Sie können nach diesen Nachrichten auf gängigen Internetseiten wie Yahoo Finance, Google Finance, Bloomberg, Finviz und anderen Portalen suchen!

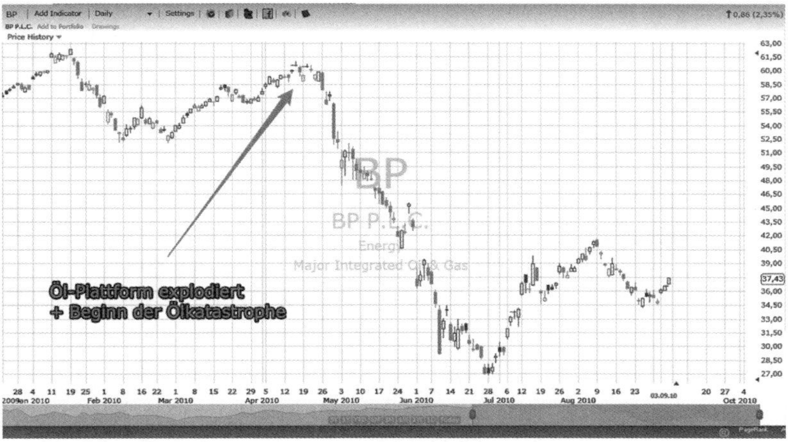

»BP– Kursverlauf nach dem Ölplattform-Desaster.«, Quelle: www.freestockcharts.com

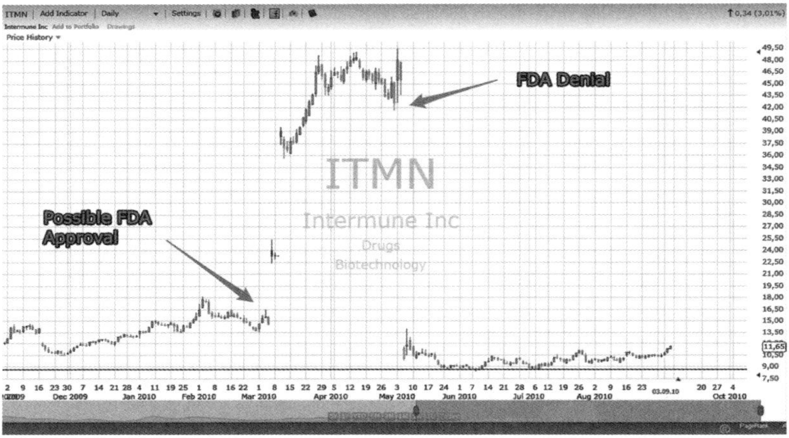

»ITMN – Kursverlauf nach Ablehnung eines Medikaments durch die Regierungsbehörden.« Quelle: www.freestock-charts.com

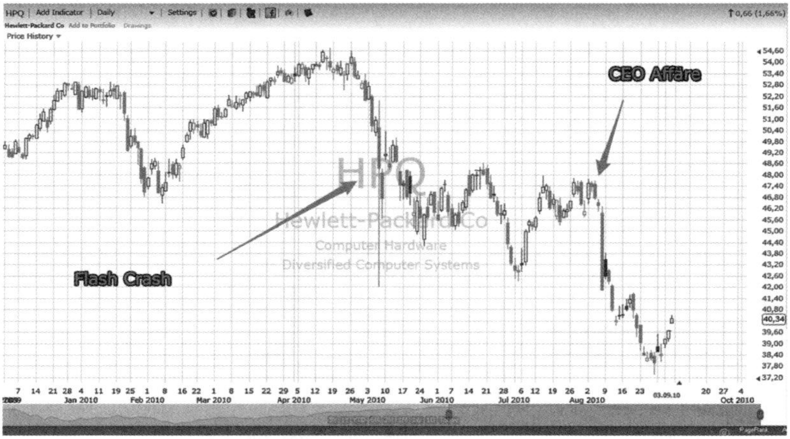

»HPQ – Kursverlauf der HP-Aktie, nachdem veröffentlicht wurde, dass der CEO von HP eine außereheliche Affäre pflegte« Quelle: www.freestockcharts.com

Berichtssaison – Zeit für schnelles Geld!

Berichtssaison nennt man die Zeit, in der Unternehmen ihre Unternehmenszahlen veröffentlichen. Wir nennen sie auch die Olympischen Spiele der Trader. Liegen die Zahlen über oder stark unter den Erwartungen der Wall Street, beeinflusst das die Kurse der Wertpapiere. Hier finden Sie sowohl vorbörslich, nachbörslich und untertags ausgezeichnete Handelschancen. Der Grund dafür liegt in der Tatsache, dass Institutionelle ihre Portfolios nach den Zahlen anpassen und häufig große Käufe oder Verkäufe vornehmen müssen. Wichtig ist es, auf die Termine genau vorbereitet zu sein. Machen Sie niemals den Fehler, Day-Trading-Positionen während der Veröffentlichung der Zahlen zu halten! Sie müssen stets wissen, wann über den Titel, den Sie handeln, Nachrichten veröffentlicht werden, um sich vorher aus dem Spiel zu halten. Wenn Sie das nicht beachten, können Sie auch ins Casino gehen. Aktien, die von den Institutionen in der Berichtssaison gehandelt werden, können mehrere Tage ausgezeichnete Intradaytrends aufweisen, die sich hervorragend zum Scalpen eignen. Wichtig ist auch zu wissen, dass Sie häufig schon premarket und aftermarket in Trades einsteigen können, wenn Ihr Broker dies anbietet. Achten Sie darauf, wie der Markt in jeder Berichtssaison reagiert. Tendieren Technologieaktien nach guten Resultaten dazu, eine Rallye hinzulegen, oder werden diese abverkauft? Wenn Sie beispielsweise entdecken, dass Google und Yahoo nach guten Zahlen positiv auf die Nachrichten reagieren, ist es wahrscheinlich, dass andere Technologieunternehmen auch gute Zahlen haben und die Marktteilnehmer ähnlich darauf reagieren.

Black Swan Events (Flash Crash)

Haben Sie das Buch »The Black Swan« von Nassim Nicholas Taleb gelesen? Ein »Black Swan Event« beschreibt ein schwer vorhersehbares und damit nicht berechenbares Ereignis, welches die normale Vorstellungskraft oder Berechnungsmodelle überschreitet. So etwas wie zum Beispiel die LTCM-Pleite 1998, die Finanzkrise 2008 oder der Flash Crash 2010.

Taleb warnte in seinem Buch bereits 2007 vor den schweren Folgen der gegenseitigen Abhängigkeit der Banken im Kapitalmarkt und prophezeite die 2008 eingetretene Krise.

Haben Sie schon mal Ihre gesamten Kapitalanlagen verloren? Geld, welches Sie über Jahrzehnte mit schwerer Arbeit verdient und dann langfristig angelegt hatten? Im Jahre 2008 ging es vielen Anlegern so, als plötzlich (aber nicht unerwartet) die Kapitalmärkte von neuen Hochs regelrecht abstürzten und die Gelder vieler Privatanleger vernichtet wurden.

Das zur Zeit der Entstehung dieses Buches jüngste Black Swan Event ist der sogenannte »Flash Crash« vom Mai 2010 (ja – hier traf die alte Börsenweisheit »sell in May and go away« tatsächlich einmal zu ...)

Ausgelöst von einer großen Verkaufsorder und damit verbundenen technischen Phänomenen verkauften Anfang Mai die Kapital- und Futures-Märkte innerhalb von Minuten crashartig ab. Plötzlich rollte wie aus dem Nichts eine Verkaufswelle an und der Dow Jones verlor in Minutenbruchteilen 1000 Punkte.

Von einigen unserer Bekannten haben wir erfahren, dass viele ihrer Investmentpositionen mit Verlusten ausgestoppt wurden. Die ursprüngliche Idee, nach der Finanzkrise 2008 billig einzukaufen und starke Titel einfach zu halten, ging in vielen Fällen nicht auf. Langfristig orientierte Anleger und End-of-Day-Trader wurden einmal mehr brutal aus dem Markt geworfen.

Day-Trader hingegen konnten an diesem Tag von der unglaublichen Volatilität profitieren. So gelang es uns zum Beispiel, innerhalb von nur 10 Sekunden einen Boden im Öl zu traden und 200 Ticks einzustecken. So einfach war das Geld noch nie verdient. Mit einem Kontrakt bedeutet das 2000 Dollar Gewinn vor Steuern in 10 Sekunden. Wahnsinn!

Als Day-Trader sind Sie verglichen mit allen anderen Tradern im Vorteil. Sie können unmittelbar reagieren, sind so nah am Markt wie möglich. Sie brauchen kein Wunder-System, keinen Börsenbrief und keine vagen Vermutungen. Sie arbeiten hart und reagieren auf das, was Ihnen der Markt zu sagen hat. Natürlich ärgern Sie sich ab und zu über verpasste Gelegenheiten – doch die kommen wieder und das mehrfach am Tag. Sie können zwischen tausenden von Aktien wählen. Dort werden Sie immer fündig.

Viele Trader und Investoren haben Angst vor Börsencrashs. Die sollten Sie auch haben, wenn Sie unflexibel sind! Versuchen Sie einmal, Ihre Einstellung zu ändern. Freuen Sie sich über die Gelegenheiten, in Panikmärkten so viel Geld zu verdienen wie sonst nie. Freuen Sie sich auf Ausnahmesituationen und seien Sie immer vorbereitet. Wenn Sie einen Plan haben, kann Sie nichts überraschen. Schreiben Sie sich einen Plan für Crashtage, und lernen Sie ihn auswendig. Dann kann Sie nichts erschüttern. Außer im positiven Sinne, wenn Ihr Kontostand schlagartig steigen wird.

Risiko- und Positionsmanagement: Planlosigkeit verliert!

»Den ganzen Tag versuche ich, eine gute Gelegenheit zu finden«
Paul T. Jones, Hedgefonds-Manager und Milliardär

Jeder Mensch hat eine eigene Risikotoleranz, an der man sein eigenes Risiko im Markt festlegen sollte. Grundsätzlich raten wir Anfängern immer dazu, weniger zu riskieren als angedacht. Als Erstes sollten Sie definieren, wie viel Geld Sie zur Verfügung haben und welche finanziellen Ziele Sie mit Ihrem Geld haben. Anschließend sollten Sie sich überlegen, wie viel Sie bereit sind, davon wieder zu verlieren. Wählen Sie Ihre Verlusttoleranz immer so, dass es Ihnen emotional wenig ausmacht, wenn das Geld verschwindet. So vermeiden Sie, dass Sie emotional traden. Wenn Sie bei einem Verlust von 300 Dollar innerhalb von ein paar Minuten schon ein flaues Gefühl im Magen bekommen, sollten Sie kleinere Risiken eingehen. Dies können Sie mitunter dadurch erreichen, dass Sie Ihre Positionsgröße herunterschrauben.

Als Scalper spekulieren Sie mit großen Positionen innerhalb sehr kurzer Zeit auf Kursveränderungen. Um von schnellen Bewegungen profitieren zu können, müssen Sie gute Ausführungsfähigkeiten haben. Sie müssen die Hotkeys Ihrer Tastatur kennen. Sie müssen den Reverse Button genauso schnell klicken können, wie Sie beim Autofahren auf die Bremse treten, wenn Ihnen ein Kind vor das Auto springt. Am besten trainieren Sie Ihre Ausführungsfähigkeiten ausführlich mit einem Demo-Konto, bevor Sie mit Echtgeld handeln.

Kontrollieren Sie den Trade oder kontrolliert der Trade Sie?

Ein altes Sprichwort im Geschäftsleben besagt: »If you fail to plan, you plan to fail!« – »Wenn Sie keinen Plan haben, ist Ihr Scheitern vorprogrammiert.« Es mag vielleicht banal klingen; doch wenn Sie mit Ihrem Trading erfolgreich sein wollen und zu jenen gehören wollen, die dem Markt täglich ein Schnippchen schlagen, so müssen Sie Ihre Trading-Regeln befolgen, als wären sie in Stein gemeißelt. Ein gut durchdachter Trading-Plan ist das Fundament für Ihren Erfolg. Erfolgreiche Trader ziehen stets mit einem Schlachtplan in den Krieg. Der Trading-Plan ist so etwas wie ein persönliches Leitbild. Trading ist ein Business. Deshalb brauchen Sie einen sorgfältigen Plan, den Sie auch praktisch umsetzen.

Sie haben die Kontrolle über das Risiko. Der Trading-Plan sollte nur dann verändert werden, wenn sich die Marktphase grundlegend verändert. Grundsätzlich gehen wir von sechs Marktphasen aus, jede der folgenden drei Marktphasen mit hoher Volatilität und niedriger Volatilität. Um diese genauer zu definieren, vergleicht man die durchschnittliche Schwankungsbreite des Marktes über die zu betrachtende Periode. Langfristig ändern sich die Marktphasen genauso wie kurzfristig. Sie werden dann profitabel handeln, wenn Sie es schaffen, sich schnell dem Markt anzupassen. Ihr Trading-Plan muss nicht nur der aktuellen Marktphase angepasst sein, sondern auch individuell auf Ihre Bedürfnisse zugeschnitten sein. Damit ist gemeint, dass Sie sich genau Gedanken darüber machen müssen, wie viel Zeit Sie bereit sind, regelmäßig in Ihr Trading zu investieren, welcher Trading-Stil zu Ihnen passt und wie viel Kapital Sie zum Traden haben. Doch warum passiert es Tradern immer wieder, dass sie sich nicht an Ihren Trading-Plan halten?

Trading besteht zum größten Teil aus psychologischen Komponenten. Wenn Fehler beim Trading gemacht werden, sind diese oft psychologischer Natur. Die erfolgreichsten Trader haben lange an ihrer Einstellung gearbeitet. Sie freuen sich nicht so sehr über Gewinntrades, und sie stört es auch nicht, wenn sie ein paar Verluste einstecken müssen. Menschliche Entscheidungen werden stark von Emotionen geprägt. Denken Sie nur an den Entscheidungsprozess beim wöchentlichen Einkauf im Supermarkt. Passiert es Ihnen auch manchmal, dass Sie etwas kaufen, was Sie eigentlich gar nicht benötigen? Ihr Gehirn findet im Fall eines Kaufes immer mehr Gründe, die für einen Kauf sprechen, als Gründe, die dagegen sprechen, und deswegen handeln Sie entsprechend. Was für Gründe das sind, ist Ihrem Gehirn egal; solange Sie genügend Argumente finden, werden Sie entsprechende Taten folgen lassen. Wenn Sie regelmäßig die Bedeutung Ihrer Trading-Regeln im Kopf wiederholen, findet Ihr Gehirn genügend Gründe, den Trading-Plan beizubehalten, und Sie werden disziplinierter an der Börse handeln. Je stärker Sie Ihre Regeln verinnerlicht haben und je mehr Gründe Sie dafür haben, diese nicht zu brechen, desto strikter werden Sie sich an Ihren Trading-Plan halten.

Nun möchten wir Ihnen eine Strategie aus dem Neuro Linguistic Programming (NLP) vorstellen: »Refraiming«. Mit dieser Strategie können Sie Ihre Emotionen im Trading verringern. Refraiming bedeutet so viel wie »einen neuen Rahmen geben oder diesen umdeuten«. Es geht darum, Ereignisse, Phänomene oder auch Informationen in einem anderen Zusammenhang zu sehen als dem, den wir ihnen spontan geben. Sinn macht das vor allem dann, wenn bestimmte Gedanken uns nicht guttun, uns lähmen und uns davon abhalten, unseren Weg zu gehen. Unsere Reaktionen auf Situationen oder Ereignisse sind im ersten Schritt oft reflexartig – also unbewusst. Wir werden zum Beispiel wütend oder frustriert, wenn Trades missglücken, oder sehr euphorisch, wenn ein großer Gewinntrade eingestrichen wird. Auf diese Reaktionen haben wir wenig Einfluss. Wir können allerdings beeinflussen, ob wir diese erste Gefühlsregung oder Reaktion beibehalten wollen.

Sobald Sie merken, dass Sie während Trading-Entscheidungen emotional werden, versuchen Sie bitte, sich bewusst Fragen zu stellen, die Ihnen helfen, sich auf das zu konzentrieren, was Sie beeinflussen können und was positiv an der Situation ist. Therapeuten und Coachs machen mit Ihnen nichts anderes. Sie werden dafür bezahlt, dass sie Ihnen Fragen stellen, die Sie dazu bringen, über Lösungen nachzudenken, anstatt am Problem festzuhalten. Werden Sie Ihr eigener Trading-Coach! Wenn Ihnen das nächste Mal Ihr innerer Schweinehund reinredet, dann formulieren Sie eine neue Frage für sich. So simpel diese Technik auch klingt, sie wird von vielen Profis verwendet, und es funktioniert.

Die Bedeutung eines Trading-Plans kann nicht oft genug hervorgehoben werden. Um sich konsequent an einen Plan zu halten, müssen Sie sich den Plan immer wieder vor Augen führen. Neuro Linguistic Programming (NLP) kann Ihnen helfen, Ihre Emotionen beim Trading besser in den Griff zu bekommen.

So managen Sie Risiko

»Das Risiko entsteht daraus, dass man nicht weiß, was man tut«
Warren Buffett, Multimilliardär

Seien wir einmal ehrlich: Wenn Sie nichts riskieren, dann können Sie auch nichts gewinnen. Sie müssen als Risikomanager konstant Ihre Risiken optimieren. Das bedeutet, dass Sie Ihr Risiko flexibel managen. Viele Bücher erzählen Ihnen: »Riskieren Sie 1 Prozent Ihres Gesamtportfolios« pro Trade. Anfangs führen Sie akribisch ein Tagebuch mit durchschnittlich 5 bis 10 Trades zu jeweils 1 Prozent Einzelpositionsrisiko. Doch dann kommt eine Korrektur im Markt und Ihr Portfolio ist plötzlich um 10 Prozent gesunken, weil Ihre Swingpositionen eine starke Korrelation aufweisen? Autsch. Es wäre wohl besser gewesen, Sie hätten neben Ihren Swingtrades mit hoch gehebelten Positionen auf kurzfristigen Zeitebenen Ihr Risiko gehedgt. Wenn Sie einen geeigneten Broker haben, können Sie es sich leisten, häufig und oft in Positionen »reinzuscalen«. Sie bauen Positionen in kleinen Schritten auf und ab. Sie traden Trends auf verschiedenen Zeitebenen mit verschiedenen Risiken. Je besser die Chancen, desto mehr Risiko nehmen Sie auf sich. Der Schlüssel zu effektivem Risikomanagement liegt darin, immer zu wissen, was man tut und wie man reagiert, wenn es gegen einen läuft. Betrachten Sie Ihr Trading wie ein großes Unternehmen. Glauben Sie, der CEO von Apple, Volkswagen oder Siemens hat keinen Notfallplan?

Bevor Sie jeden einzelnen Trade eingehen, egal auf welcher Zeitebene, müssen Sie wissen, wie Sie reagieren, wenn der Trade gegen Sie läuft. Verinnerlichen Sie Ihren Exitplan immer wieder. Glauben Sie wirklich, Sie könnten mitten am Tag Ihren Computer einschalten und gegen die schlauesten Köpfe der Finanzindustrie ankämpfen, indem Sie mit einfacher Charttechnik Analysen erstellen? Der Markt wird Ihnen immer ein objektives Feedback liefern. Day-Trader beginnen in der Regel mit einem Konto von ungefähr 30.000 Dollar. Damit hat man 5000 Dollar Spielraum, bis die Untergrenze für das Day-Trading mit Aktien erreicht ist. Risikomanagement ist eine sehr persönliche Angelegenheit. Wir raten Ihnen dazu, am Anfang Ihrer Trading-Karriere ein Verlustlimit für jeden Tag festzulegen. Wenn diese Grenze erreicht ist, müssen Sie aufhören zu traden. Weiter macht es Sinn, sich ein Verlustlimit für jeden einzelnen Trade zu setzen. Je besser das Set-up ist, desto höhere Risiken können Sie eingehen. Ein Beispiel: Sie haben auf Ihrem Konto 30.000 Dollar und Sie traden Futures. Ihr tägliches Loss-Limit liegt bei 1500 Dollar. Pro Trade wollen Sie maximal 300 Dollar riskieren. Mit gewöhnlichen Scalping-Trades riskieren Sie 100 Dollar.

Schwere Fehler im Risikomanagement – Im Verlust nachkaufen

Im Verlust nachkaufen bedeutet, dass Sie ihre ursprüngliche Position dann vergrößern, wenn Sie schon im Verlust sind. Viele Anfänger argumentieren, dass man durch das Nachkaufen im Verlust einen besseren Einstiegskurs bekommt. Der Grund, warum viele Trader im Verlust nachkaufen, ist die menschliche Natur. Kein Mensch will sich eingestehen, dass er etwas falsch gemacht hat. Doch gerade beim Trading wird Sie das sehr teuer kommen. Der Markt hat immer recht. Gute Trader haben gelernt, dass sie oft falschliegen können und trotzdem erfolgreich sind. Was diese Trader ausmacht, ist, dass sie schnell ihre Positionen schließen, wenn es gegen sie läuft. Bis jetzt haben wir noch keinen einzigen Trader kennen gelernt, der erfolgreich im Verlust nachkauft. Nicht im Verlust nachzukaufen ist fast wie eine universelle Regel für Trader. Wir kennen viele Trader, die durch das Nachkaufen im Verlust pleitegegangen sind. Wir haben es selbst erlebt, es ist zu risikoreich und es funktioniert einfach nicht. Ein einziger dummer Trade kann Ihnen monatelange Arbeit oder sogar Ihr ganzes Trading-Konto zerstören. Es gibt genügend andere Möglichkeiten, Geld zu verdienen, ohne viel Risiko einzugehen. Wenn Sie im Verlust nachkaufen, werden Sie wohl häufig recht haben und Ihre Position wird irgendwann etwas in Ihre Richtung laufen, doch es braucht nur eine Position, die nach dem Nachkaufen im Verlust in die falsche Richtung läuft, und Sie werden vernichtet.

Scalping für schnelle Gewinne

Die Kurse verändern sich praktisch den ganzen Handelstag. Etwas rauf, etwas runter und ab und zu entsteht ein heftiger Intradaytrend. Als Scalper können Sie die kleinen Marktbewegungen, man könnte sogar fast sagen, das »Marktrauschen«, ausnutzen. Speziell im Rohstoffmarkt nutzen Scalper die Veränderung des Kurses oder, genauer gesagt, die Veränderung des Bid/Ask-Spread. Der Spread ist die Differenz zwischen Ankaufs- und Verkaufskurs. Normalerweise bleibt der Spread konstant gleich, nur in Situationen, wo ein Ungleichgewicht zwischen Angebot und Nachfrage herrscht, verändert sich der Spread. Eine Basis-Scalping-Strategie sieht dann wie folgt aus:

Wenn der Spread zwischen dem Bid und dem Ask größer als gewöhnlich ist, dann ist der Ask höher und der Bid niedriger, als es sein sollte. Das liegt daran, dass mehr Marktteilnehmer kaufen wollen als verkaufen. Die Broker verlangen einen höheren Preis, und der Scalper nutzt das als ein Verkaufssignal. Wenn der Spread zwischen Bid und Ask kleiner als gewöhnlich ist, ist daher der Ask niedriger und der Bid höher, als es sein sollte. Ein Scalper würde nun kaufen und darauf spekulieren, dass der Verkaufsdruck kurzfristig ist. Viele Trader verlassen sich in langsamen Marktphasen auf ihre Scalping-Fähigkeiten, um ein paar Cent aus dem Markt zu holen. Mit angepasster Positionsgröße kann auch hier ein deutlicher Gewinn entstehen.

Wie und wann kaufe ich?

Im Trading geht es nicht darum, die neuesten Indikatoren oder Strategien zu finden. Es geht darum, das besser zu machen, was Sie vielleicht schon wissen. Es gibt zahlreiche Gründe, um einen Trade zu eröffnen. Wir haben für Sie eine Liste erstellt. Vergessen Sie nie, dass es immer Ausnahmen gibt. Unsere Gründe für den Kauf stellen lediglich eine Richtlinie dar und sollten nie als einziger Grund für den Kauf von Wertpapieren verwendet werden. Wenn Sie keinen guten Grund haben, um in Ihrem Trade zu sein, haben Sie keinen Vorteil, und Sie sollten Ihre Position sofort schließen. Trading ist kein Glücksspiel und kein Ratespiel, sondern ein Spiel der Wahrscheinlichkeiten. Nur wenn die Wahrscheinlichkeit, dass Sie gewinnen, auf Ihrer Seite liegt, sollten Sie in Ihrem Trade bleiben. Je mehr Kaufgründe zutreffen, desto wahrscheinlicher ist ein Kursanstieg.

- Der langfristige Chart zeigt Unterstützungsniveaus an und Sie sehen das Momentum drehen
- Das Tape deutet auf starke Institutionelle Käufer. Offensichtlich muss ein großer Händler Millionen von Aktien/Futures kaufen. Die Folge davon wird ein starker Kursanstieg sein.
- Es gibt einen Intradayturnaround in den Indizes
- Es gibt bahnbrechende Nachrichten für Ihren Titel (ausgezeichnete Wachstumsraten, neue Produkte etc.)
- Es herrscht eine extreme Situation in den Oszilatoren (Überkauft/Überverkauft-Indikatoren)
- Untertags gibt es charttechnische Ausbrüche
- Indikatoren deuten auf Trends/Trendumkehr
- Es bestehen Divergenzen in den Sektoren

> Es gibt eine Newsrallye
> Die Charttechnik deutet auf eine Trendumkehr (Candlesticks, Trendlinien etc.)
> Die entsprechenden korrelierenden Wertpapiere steigen stark an.
> Der Markt ist in einem Aufwärtstrend und es gibt neue Hochs
> Die Aktie eröffnet nach signifikanten Nachrichten mit einem Upgap (Kurssprung nach oben)
> Eine Range wird nach oben verlassen

Wie und wann verkaufe ich?

Stellen Sie sich folgendes Szenario vor: Sie haben einen Basiswert (Aktie, Future, Währung oder Ähnliches) ausführlich analysiert und Ihren Einstieg sorgfältig vorbereitet. Ihr Einstiegskurs wird erreicht und Ihre Order ausgeführt. Der Trade läuft bereits kurz nach dem Entry komfortabel in den Gewinn.

Was nun? Für den Anfänger stellen sich jetzt nach einer Umfrage unter Tradern am häufigsten folgende Fragen:

> Soll ich meine Position verkaufen? Mein Trade ist ja schon im Gewinn ...
> Soll ich den Stop-Loss auf Einstand nachziehen? Dann kann meinem Trade nichts mehr passieren!
> Falls ich den Stop-Loss nachziehe, bleibt dann meinem Trade genug »Luft«, um sich zu »entwickeln«?
> Sollte ich lieber keinen Stop-Loss ins System eingeben, um mich vor Kursschwankungen zu schützen?

Das ewig wiederkehrende Selbstgespräch dreht sich um das Thema »Positionsmanagement«. Sie alle kennen sicher die Trading-Weisheit: »Jeder kann einen Trade eröffnen, doch Geld verdienen (oder verlieren) Sie nur beim sorgfältig gewählten Exit.«

Wenn Sie long sind, müssen Sie wissen, unter welchen Voraussetzungen Sie Ihre Position schließen und vice versa. Wenn Sie das nicht im Voraus wissen, ist es sehr wahrscheinlich, dass Sie psychologisch bedingte Fehler machen, wie zum Beispiel zu früh zu verkaufen oder an Verlierern zu lange festzuhalten. Ihr Exitplan muss so gefestigt sein, dass Sie ihn im Schlaf können. Bedenken Sie immer, dass Sie jederzeit wieder in Ihren Trade können, wenn Sie sich im Moment unwohl fühlen. Und wenn Ihr Trade dann ohne Sie davonläuft, ist Ihre Disziplin gefragt. Eröffnen Sie keinesfalls eine Position, nur weil Sie unbedingt wieder dabei sein wollen. Wenn Sie das machen, haben Sie keine Kontrolle über sich selbst und damit auch keine Kontrolle über Ihr Trading. Wenn Sie einen schlechten Entrykurs bekommen, haben Sie wahrscheinlich kein attraktives Chance-Risiko-Verhältnis mehr. Akzeptieren Sie, dass Sie einen Trade verpasst haben, und ziehen Sie weiter. Wir haben für Sie ein paar Anregungen zusammengefasst, unter welchen Bedingungen man verkaufen sollte:

- Ihr Kursziel wurde erreicht.
- Sie werden emotional.
- Ein Nachrichtentermin steht an oder wichtige Unternehmensnachrichten wurden veröffentlicht, die den Kurs zum Abstürzen bringen könnten.
- Sie haben technische Probleme. Was ist Ihr Plan im Falle eines Computerabsturzes bzw. Internetabsturzes? Haben Sie ein Handy oder eine zweite Internetkarte und die Telefonnummer Ihres Brokers immer parat, um im Notfall Positionen schnell schließen zu können?
- Der Sektor, in dem Sie traden, oder der Gesamtmarkt zeigt relative Stärke oder Schwäche. Eine mögliche Trendumkehr steht bevor.
- Das Tape zeigt Schwäche. Sie sehen viele große Verkauforders, die immer wieder zu einem wichtigen Niveau zurückkommen.
- Der Grund, warum Sie gekauft haben, ist nicht mehr gültig.
- Ihr Titel hat ein wichtiges charttechnisches Niveau erreicht.
- Ihr Trade erreicht Ihre maximale Verlustgrenze.
- Der Markt tritt in die Mittagszeit ein. Hier finden Sie selten schöne Intradaytrends.
- Das Momentum verschwindet.
- Ein wichtiges Kursniveau wird gebrochen.
- Wirtschaftsdaten und Unternehmensdaten werden veröffentlicht.

Eigentlich muss es heißen: Wann handle ich?

Verkaufen oder kaufen, hin oder her. Im Grunde muss Sie als Trader nur eine Sache interessieren: Wann Sie handeln!

Natürlich benötigen Sie klare Regeln für Ihre Ein- und Ausstiege; allerdings müssen Sie auch wissen, wann diese Regeln Anwendung finden. Wie schon eingangs betont, macht es keinen Sinn, einfach draufloszuhandeln. Traden inmitten einer Range macht keinen Sinn. Kaufen, wenn alles schwach ist, macht keinen Sinn. Verkaufen, wenn alles stark ist, macht keinen Sinn.

Versuchen Sie, ein Gefühl für das zu entwickeln, was der Markt Ihnen sagen möchte. Die meisten Trader versuchen, Bewegungen zu antizipieren, und landen damit auf der Nase. Es geht nicht darum, die nächste Bewegung zu erraten, sondern darum, sie zu erkennen und blitzschnell zu handeln.

Sollten Sie dennoch versucht sein, entgegen der Vernunft zu handeln, haben wir den »Conviction Circle« entwickelt, der Ihnen vor Augen führt, was Sie eigentlich planen zu tun.

Der Conviction Circle – die Tradeidee überprüfen

Der Conviction Circle besteht aus vier gleich großen Teilen und gibt Ihnen eine Vorstellung davon, wie sinnvoll Ihre Trading-Idee im Gesamtkontext ist.

1. Ihre Idee
2. Was macht der Gesamtmarkt bzw. was machen die zugehörigen Futures der Aktie, die Sie traden wollen?
3. In welche Richtung zeigt der übergeordnete Trend der zu handelnden Aktie?
4. Wie schaut das Tape aus? Spricht das Tape für Ihre Idee?

Sprechen mindestens drei von vier Punkten für Ihren Trade, dann können Sie eine Order erwägen. Besser ist es, alle vier Punkte sprechen für Ihren Trade. Indem Sie den Conviction Circle auf ein Blatt Papier aufmalen und vor Ihrem Trade ansehen (besser machen Sie es aufgrund der nötigen Schnelligkeit beim Scalping im Kopf ...), bekommen Sie eine Vorstellung davon, wie überzeugend Ihre Idee ist. Sind Sie maximal überzeugt und deckt sich die Überzeugung mit den Fakten, dann handeln Sie und handeln Sie schnell!

»Der Conviction Circle: Gleiche Gewichtung der Variablen«

In vielen Fällen spielen Ihnen Ihre Emotionen einen Streich. Trades werden eingegangen, ohne dass es einen wichtigen Grund gibt. Der Trigger für den Trade ist in vielen Fällen überbewertet. Ist der Trade dann in den Verlust gelaufen, überprüfen sich die meisten Trader leider nicht, um aus den (immer wiederkehrenden) Fehlern zu lernen. Der Conviction Circle kann hierbei Hilfestellung leisten. Füllen Sie den Kreis mit den Kriterien für oder gegen Ihren Trade. Nutzen Sie dabei die objektiven Kriterien:

1. Ihre Idee: long oder short?
2. Gesamtmarkt und Sektor: long oder short?
3. Übergeordneter Trend des Basiswertes: long oder short?
4. Wie schaut das Level 2 aus: long oder short?

Gehen Sie den Trade nur ein, wenn möglichst drei Viertel des Conviction Circle für Ihre Idee sprechen.

In Fällen von Verlusttrades sieht der Conviction Circle im Nachhinein so aus:

»Der Conviction Circle: Überproportionale Gewichtung einer Variable«

Würden Sie den Trade noch mal machen? Sobald Sie Ihre Idee visualisieren, bekommen Sie einen objektiven Eindruck von der »Überzeugung«, den Trade einzugehen.

Ordertechniken

Als Day-Trader müssen Sie schnell sein. Sehr schnell. Sie können es sich nicht leisten, schlechte Ausführungen anzunehmen, nur weil Sie nicht schnell genug reagieren konnten. Wie schon am Anfang des Buches erwähnt, brauchen Sie einen vernünftigen Partner (Ihr Broker), der es Ihnen erlaubt, schnell zu sein. Beim Scalping müssen Sie innerhalb von

Sekunden entscheiden, ob Sie Ihre Positionen aufstocken oder schließen. Große Day-Trader wickeln täglich bis zu mehreren hundert Trades ab. Wenn Sie nur um 5 Cent pro Trade schlechter in Ihren Trade hineinkommen, kann sich das aufsummieren. Und wenn Sie nicht schnell sind, werden Sie viel leichter unkontrolliert Trades absetzen. Dagegen werden Sie mehr Sicherheit haben, wenn Sie genau innerhalb von Sekunden Ihre Trades so positionieren können, wie Sie es wollen. Aus diesem Grund empfehlen wir Ihnen, Ihre Ausführungsfähigkeiten auf einem Demo-Konto bei Ihrem Broker zu trainieren. Lernen Sie die Hotkeys (programmierbare Tasten am Computer), und setzen Sie alle möglichen Orders über die Tastatur ab. Versuchen Sie, so schnell wie möglich die Zeitebenen und Symbole im Chart zu wechseln oder Positionen zu schließen! Wenn Sie nur mit der Maus traden, werden Sie irgendwann an Ihre Grenzen stoßen. Besser ist es, Sie gewöhnen es sich zu Beginn Ihrer Karriere an, mit der Tastatur zu arbeiten. Viele Futures-Trader arbeiten auch direkt aus dem Chart oder dem Orderbuch. Sie können mit einem Klick in das Orderbuch traden! Achten Sie hierbei aber darauf, dass die Software Ihres Brokers auch schnell genug Ihre Positionen ausführt. Wenn Sie als Day-Trader den ganzen Handelstag vor dem Computer sitzen, können Sie gegebenenfalls auf harte Stops verzichten, wenn Sie Ihre Positionen permanent beobachten und managen. Setzen Sie täglich vor Markteröffnung Kursalarme an Schlüsselniveaus im Markt, sodass Sie immer von Ihrem Computer erinnert werden, wenn wichtige Kursniveaus erreicht werden.

Es gibt viele Methoden, um Positionen im Markt zu eröffnen und zu schließen. Wichtig ist für das Scalping, dass Sie schnell Ihre Positionen schließen und öffnen können. Generell werden für das Day-Trading hauptsächlich die Market Order und die Limit Order verwendet.

Limit-Order

Die Limit-Order ist eine Order, die Sie sehr gut kontrollieren können, da Sie ein Limit auf den Kurs eingeben, zu dem Sie eine Ausführung im Markt akzeptieren. Die Order wird nur ausgeführt, wenn der von Ihnen eingegebene Kurs erreicht wird. Eine Limit-Order wird auch als passiv bezeichnet, weil Sie darauf warten, bis Ihr eingegebener Kurs erreicht wird. Das Risiko einer Limit-Order liegt darin, dass Sie gegebenenfalls nicht in Ihren Trade kommen, wenn Ihr eingegebener Kurs nicht erreicht wird. Mit entsprechender Geschwindigkeit auf der Tastatur können Sie zwischen den ECNs auswählen und innerhalb von Sekunden Ihren Limit-Kurs anpassen, wenn Sie zum Beispiel aus einer Position herauswollen, aber nicht jeden Ausführungskurs akzeptieren. Limit-Orders eignen sich hervorragend, um Orders an Schlüsselniveaus zu platzieren. Erreicht der Kurs beispielsweise ein Widerstandsniveau, können Sie einen Cent vor der Widerstandslinie, an der vermutlich große Verkäufer warten, eine Limit-Offer-Order platzieren, um bei diesem Kurs die Position zu schließen. Ein weiteres Beispiel: Sie wollen in einer Korrektur eine Position kaufen, allerdings wollen Sie nur zu einem günstigen Kurs in den Markt kommen. Sie wollen dem Markt nicht nachlaufen und keine höheren, schlechteren Ausführungskurse akzeptieren. Daher legen Sie eine Limit-Long-Order zum gewünschten Kurs in den Markt und warten auf Ihre Ausführung. Erreicht der Kurs Ihre Limit-Order, wird sie ausgeführt, erreicht der Kurs sie nicht, wird sie nicht ausgeführt.

Market-Order

Eine Market-Order unterscheidet sich von einer Limit-Order. Ihr Ziel ist es, sofort ausgeführt zu werden; der Ausführungskurs steht dabei im Hintergrund. Wichtig ist in erster Linie, schnell aus dem Trade zu kommen oder schnell eine Position zu eröffnen. Wenn die Nachfrage Ihrer Order größer ist als das Angebot am Markt, dann treibt Ihre Order den Kurs nach oben. Market-Orders, die ungefähr das Zehnfache der durchschnittlichen Stückzahl betragen, beeinflussen in der Regel den Börsenkurs unmittelbar. Am NASDAQ haben Sie auch die Möglichkeit, Ihre Order zu verstecken. Dies kann von Vorteil sein, wenn Sie große Stückzahlen kaufen oder verkaufen wollen. Ebenfalls können Sie Ihre Market-Order bei einigen Brokern so einstellen, dass sie nur bei einer Differenz bis zu 5 Cent zum aktuellen Marktkurs ausgelöst wird. Damit können Sie es vermeiden, bei schnellen Marktbewegungen zu schlechten Kursen in den Trade zu kommen.

Weitere Ordertechniken

Eine gängige Ordersetzung im Swingtrading ist die Verwendung von Stops. Zum Thema Stop-Setzung finden Sie auf den nächsten Seiten mehr Informationen. Generell benutzen viele Day-Trader einen mentalen Stop: Sie kennen vor Einstieg in die Position ihren Ausstiegspunkt.

Heutzutage bietet Ihnen die moderne Technik weitere Möglichkeiten, Trades nach Einstieg halbautomatisiert laufen zu lassen. Sie können automatische Trailingstops und Kursziele in Ihr Trademanagement integrieren. Nutzen Sie die Technik zu Ihrem Vorteil, und schauen Sie sich genau die Funktionen Ihrer Plattform an.

Immer wieder die gleichen Fehler

Nach dem Entry werfen viele Trader Ihren Trading-Plan (falls überhaupt einer existiert) über Bord und realisieren ihre Gewinne entweder zu früh oder lassen gut begonnene Trades zu Verlierern werden, wobei sie mit ihrem Einstieg grundsätzlich richtig gelegen wären. Die Mehrheit der Trader schafft es nicht, einen ursprünglichen Gewinntrade auch als solchen zu beenden. In den meisten Fällen werden aus Gewinntrades dann doch Verlusttrades. Nur ein Bruchteil der Möglichkeiten eines Trades wird auch tatsächlich ausgenutzt. Überprüfen Sie anhand Ihrer Aufzeichnungen, ob Sie das Potential Ihrer Trades auch tatsächlich optimal ausgeschöpft haben oder ob Sie zum Beispiel häufig aus emotionalen Gründen Ihre Planung spontan über Bord geworfen haben.

Ein wichtiger Teil Ihrer Planung gilt dem Stop-Loss. In den häufigsten Fällen entscheidet dieser über Ihren Erfolg oder Misserfolg im Trading.

Sollten Sie bereits einen Stop im System liegen haben, gehören Sie zu den wenigen Tradern, die bereits eine konkrete Idee von ihrem Positionsmanagement haben. Sollten Sie nun noch verschiedene Stop-Strategien im Repertoire haben, gehören Sie definitiv zu der kleinen Minderheit der Trader, die dauerhaft an der Börse Geld verdienen werden.

Der Stop-Loss

Im Trading werden viele »Bauernregeln« tatsächlich unkritisch in Handelssysteme übernommen. Das zumindest lässt unsere Erfahrung vermuten, wenn wir mit Anfänger-Tradern ins Gespräch kommen.

Ratschläge wie »The Trend is your Friend« oder »Gewinne laufen lassen, Verluste begrenzen« werden von vielen Tradern zu unkritisch in ihre Glaubenssätze übernommen. In vielen Fällen werden nur die Vorteile (die »protektive« Funktion) dieser Regeln gesehen – nicht aber die Nachteile, die entstehen können. Gleiches gilt für den Stop-Loss: Wir behaupten, dass in den meisten Fällen nur die Vorteile des Stop-Loss gesehen werden (egal welche Strategie angewendet wird ...), nicht aber die tatsächlichen Kosten, die entstehen können.

Das Ziel dieser Ausführungen ist es, dass Sie Ihre Stopstrategie noch einmal evaluieren und bestenfalls optimieren. Diesem Teil des Buches kommt besondere Bedeutung zu, da die richtige Platzierung des Stop-Loss eines der am häufigsten angesprochenen Themen ist. Aus diesem Grund beleuchten wir den Stop von verschiedenen Blickwinkeln. Fest steht, Ihre Stopstrategie muss flexibel sein und sich den Märkten anpassen können, damit Sie langfristig gewinnen. Außerdem sind Scalper und Kurzfristtrader immer im Vorteil, da sie ihre Meinung ständig ändern können, ohne große Kosten zu produzieren.

Mögliche negative Auswirkungen des Stop-Loss auf Ihren Gewinn

1. Der Stop-Loss wirkt sich auf Ihre Rendite aus – und zwar anders als häufig angenommen: Der zu erwartende Gewinn ändert sich zwar nicht unmittelbar, nähert sich aber dem des genutzten Basiswerts an. Anders gesagt: Generell kann man sagen, dass es keinen unmittelbaren Vorteil (Edge) gibt, sollten Sie Verlustbegrenzungs-Stops oder Gewinnmitnahme-Stops anwenden.
2. Der Stop-Loss kann die (Portfolio-)Volatilität signifikant reduzieren: Sobald die Volatilität in der Rendite des Basiswerts zunimmt, vergrößert sich der Einfluss des Stop-Loss ebenfalls.

Die typischen Texte, die in der gängigen Trading-Literatur über den Stop verfasst werden, finden sich meistens im Kapitel »Risikomanagement«.

Der Stop wird fast immer als Tool des Risikomanagements beschrieben. Kosten, die dabei entstehen, sind typischerweise die einer normalen Market-Order (abgesehen von möglichen zusätzlichen Kosten wie Slippage oder gar einer Teil- oder Nicht-Ausführung).

Die Vorteile eines Stop-Loss

Der Stop gibt uns Tradern die Möglichkeit, eine Position mit (keinen) Verlusten an einem definierten Kurs (automatisch) schließen zu lassen (ausgenommen, es treten Kurssprünge über Nacht, sogenannte Gaps auf). So wollen wir vermeiden, dass Verluste größer werden als ursprünglich geplant. Der Vorteil liegt darin, dass wir uns entspannt zurücklehnen können und immer (oder sagen wir, meistens) wissen, was wir genau an Verlusten zu erwarten haben, sollte der Markt gegen unsere Position laufen. Zudem müssen wir nicht die ganze Zeit am Bildschirm verbringen und können uns anderen Tätigkeiten widmen, während der Trade läuft. Trotzdem wird in den meisten Fällen (und damit auch in der gängigen Trading-Literatur) nicht bedacht, dass Stops eine negative Auswirkung auf die zukünftige Performance haben können.

Die Nachteile eines Stop-Loss

Da nur wenige Autoren über dieses Thema berichten, wollen wir hier auch diese »andere« Seite des Stops beleuchten. Inspiriert wurden wir dabei von einer Umfrage von Robert Macrae von Arcus Investments, in der die versteckten Kosten des Stop-Loss näher untersucht wurden.

Die Aussagen von Macrae sind im Wesentlichen, dass Stops Auswirkungen auf die (positive) Renditeverteilung haben und so größere Portfolio-Volatilität kreieren – also im Kern genau das Gegenteil von dem bewirken, was wir als Trader eigentlich erreichen wollen: eine glatte, steigende Equity-Curve. Nach Macrae liegt das darin begründet, dass ein größerer Hebel notwendig ist, um dasselbe Marktexposure zu haben, wenn wir mit Stops arbeiten. Robert Macraes Schlussfolgerung lautet, dass ebendiese größere Volatilität einen Großteil der versteckten Kosten ausmacht, die durch die Anwendung des Stops entstehen.

In der folgenden Abbildung ist diese falsche Vorstellung von der Auswirkung des Stops auf den zu erwartenden Gewinn dargestellt:

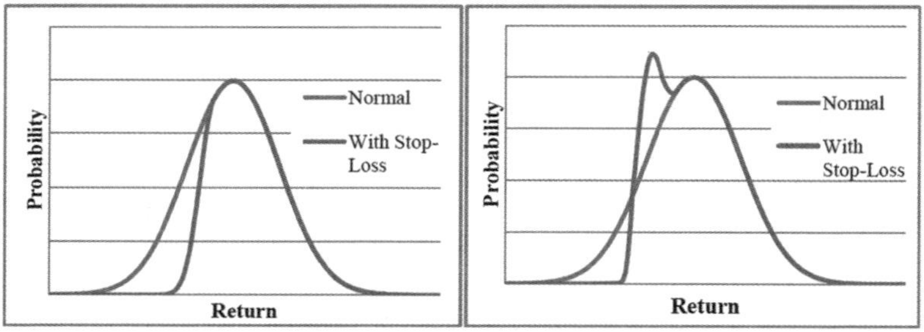

»Irrglaube über die Auswirkungen eines Stop-Loss«, Quelle: http://ssrn.com/abstract=1123362»

In dieser Abbildung wird die Normalverteilung von realisierten Gewinnen ohne Stop-Loss gegenüber realisierten Gewinnen mit Stop-Loss dargestellt. Der Unterschied in den beiden Verteilungskurven stellt die Auswirkungen des Stop-Loss dar.

Im ersten Diagramm wird der Irrglaube deutlich, dass der Stop nur zur Verlustbegrenzung dient. Ein Problem in dieser Argumentationslinie ist es, dass eine erhöhte Wahrscheinlichkeit eines kleinen Verlustes genau an der Stelle besteht, wo der Stop platziert wurde. Das zweite Diagramm korrigiert dieses Problem, sodass die gesamten Bereiche der Verteilung gleich sind. Das zeigt die Wahrscheinlichkeit, dass der Stop getroffen wird, sobald er an einem bestimmten Kurs platziert wurde.

Beispiel:

Das Kaufen einer Long-Position von Google (GOOG) bei 470 Dollar mit einem Stop-Loss bei 465,30 Dollar (1 Prozent unter dem Einstieg) garantiert fast ein Ausstoppen aufgrund der täglichen Kursbewegung (Tagesvolatilität). Somit steigt logischerweise auch die Wahrscheinlichkeit, am Stop-Loss-Kurs auch ausgestoppt zu werden.

Auf der anderen Seite reduziert sich die Wahrscheinlichkeit eines größeren Verlustes (sagen wir > 10 Prozent) deutlich, da der Stop den Maximalverlust vorgibt. Slippage und Gaps sind im Diagramm als stark abfallende Gewinnwahrscheinlichkeiten dargestellt.

Wir sehen also, dass die Anwendung einer Stop-Loss-Strategie sich in versteckten Kosten und vermeintlichen Vorteilen manifestiert (folgende Abbildung):

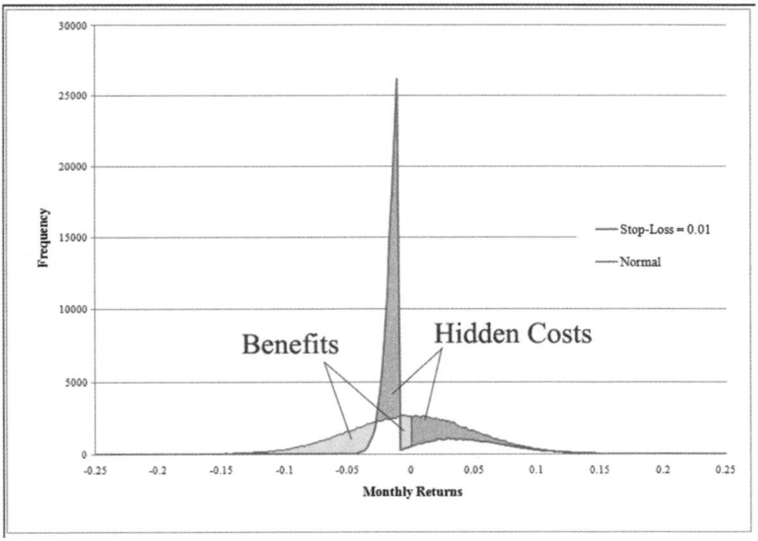

»Tatsächliche Auswirkung des Stop-Loss auf zukünftige Rendite«, Quelle: http://ssrn.com/abstract=1123362

Wenn die zu erwartende Rendite null ist, ist logischerweise der zu erwartende Ertrag bei Anwendung eines Stop-Loss ebenfalls null (roter Bereich). Die versteckten Kosten vernichten die vermeintlichen Vorteile. Natürlich ist dieses Ergebnis zu erwarten und sorgt nicht für einen Aha-Effekt: Wenn die Kosten den Nutzen überwiegen, würde niemand Stops nutzen. Sie würden als ineffektiv gelten. Allerdings würde jeder Stops anwenden, sobald der Nutzen die Kosten übersteigen würde – und das ist hier nicht der Fall.

Risikomanagement ist eine der großen Herausforderungen beim Trading, und das gilt besonders für den Stop-Loss. Der Grund dafür ist, dass die Anwendung des richtigen Stops einer genauen Analyse der Marktdynamik bedarf. Jeder Trader sollte sich daher mit den hier vorgestellten

Strategien auseinandersetzen, um den Erwartungswert seiner Strategie (bei Anwendung von verschiedenen Stop-Strategien) besser zu verstehen.

Im Grunde wird auf lange Sicht der Vorteil eines Stops von seinen (versteckten) Kosten ausgeglichen. Aus diesem Grund gibt es auf lange Sicht keinen Mehrwert einer Verlustbegrenzung oder eines Gewinnziels. Es gibt kein »optimales« Stop-Niveau: Je weiter der Stop vom Kurs wegbewegt wird, desto weiter nähern sich die Gewinnverteilungen der Assets ohne Stop-Strategie an.

Einen zu engen Stop anzuwenden, führt in den meisten Fällen zu erhöhten Transaktionskosten, ohne einen deutlichen Gewinn zu generieren. Trotzdem führt der Stop in manchen Fällen effektiv zu kleineren Verlusten und einer kleineren Portfoliovolatilität. Im Grunde muss jeder Trader für sich das Kosten-Nutzen-Verhältnis abwägen, das die Anwendung eines Stops mit sich bringt.

Praktische Anwendung:
Um den obigen Ausführungen einen konkreten praktischen Unterbau zu verleihen, lässt sich Folgendes festhalten:

In Bullenmärkten führt der Einsatz von Stops tatsächlich zu einer Verschlechterung der Rendite, da so die Möglichkeit, von kurzfristigen Kurserholungen zu profitieren, praktisch verloren geht. Das bedeutet konkret, dass das Setzen eines 10-Prozent-Stops Ihnen unter Umständen die Möglichkeit eines 100-Prozent-Anstiegs raubt (in Bullenmärkten). In Bärenmärkten hingegen vergrößern Stops die Wahrscheinlichkeit einer positiven Rendite, da Sie vor größeren Verlusten geschützt werden. Diese auf den ersten Blick unlogisch anmutende Tatsache liegt sicherlich auch darin begründet, dass die Märkte eine generelle Aufwärtstendenz zeigen (»Upward Bias«).

Zusätzlich lässt sich nach Detko et al. festhalten, dass Stops die Einzelpositionsvolatilität in volatilen Assets signifikant reduzieren.

Eine Zusammenfassung findet sich in dieser Tabelle:

	Volatility	Expected return		
	All Long	Trailing Stop Long	Profit taking Long	Both Long
Positive drift (trend up)	Decrease	Decrease	Decrease	Decrease
Flat (no trend)	Decrease	NC	NC	NC
Negative drift (trend down)	Decrease	Increase	Increase	Increase

	Volatility	Expected return		
	All Short	Trailing Stop Short	Profit taking Short	Both Short
Positive drift (trend up)	Decrease	Increase	Increase	Increase
Flat (no trend)	Decrease	NC	NC	NC
Negative drift (trend down)	Decrease	Decrease	Decrease	Decrease

»Auswirkungen einer Stop-Loss-Strategie auf Asset-Kursbewegungen«, Quelle: http://ssrn.com/abstract=1123362»

Ein Beispiel für die Nachteile von Stops kommt aus der jüngsten Vergangenheit: der Flash Crash am 6. Mai 2010.

An diesem Tag sind die Aktienindizes auch aufgrund von technischen Phänomenen gecrasht. Einzelne Titel, wie zum Beispiel Accenture, fielen zeitweise von 45 Dollar auf 1 Dollar, um nur wenige Sekunden später wieder auf 45 Dollar anzusteigen und dann ohne größere Verluste aus dem Handel zu gehen.

An diesem Tag (im Übrigen auch in der Finanzkrise 2008) haben langfristig orientierte Trader (Investoren/Swingtrader) einen Großteil ihrer Positionen verloren – mit Sicherheit mit großen Verlusten. Von Bekannten und Teilnehmern unseres Trader-Coachings wissen wir aus erster Hand, dass nur aufgrund eines nicht vorhandenen Stops größere Verluste vermieden werden konnten.

In dieser Abbildung sehen Sie den Kursverlauf der Accenture-Aktie:

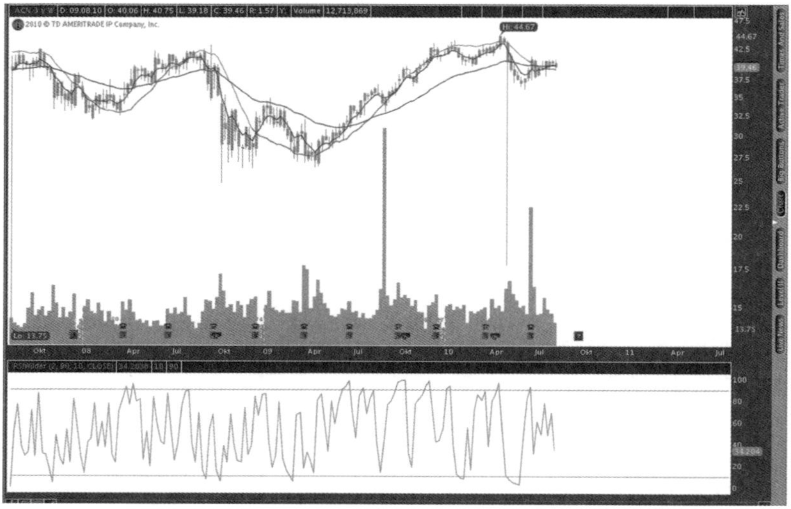

»Accenture-Wochenchart – Dollar, ACN«, Quelle: Thinkorswim

Hier lässt sich tatsächlich darüber diskutieren, ob Investoren nicht besser ohne Stop traden sollten.

In einem Fall allerdings führt kein Weg an einem Stop vorbei: Gehebelte Produkte/Konten und kleine Zeitebenen. Je größer Ihr Hebel beim Trading ist, desto weniger Kursbewegung können Sie gegen Ihre Position verkraften (ohne dass diese aufgrund eines Margin-Calls zwangsliquidiert wird). Hätten Sie zum Beispiel einen CFD auf Accenture gehalten, wären Ihre Verluste enorm gewesen. Hier kann Sie nur ein Stop vor existentiellen Kapitalverlusten schützen.

Ein zweites Beispiel für den Nachteil von Stops liefert uns der Öl-Future.

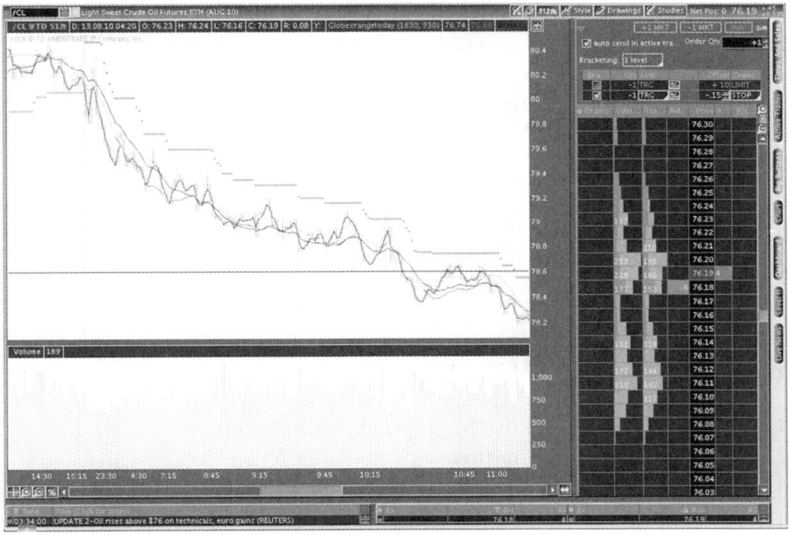

»Crude Oil Future 512-Tick-Chart vom 13.08.2010«, Quelle: Thinkorswim

Im Chart sehen Sie den Kursverlauf vom 11.8. (/CL - 512 Tick-Chart). Den gesamten Tag gab es kein einziges Long-Signal. Gegen 16.25 Uhr sehen Sie höhere Tiefs und erste Indizien für steigende Kurse. Allerdings ist das Short-Set-up noch immer intakt.

Als um 16.30 Uhr die Lagerbestände veröffentlicht werden, sehen wir kurzfristige Ausschläge von ca. 50 Ticks. Sie sehen, dass dieser Spike jeden Short aus dem Markt geworfen hätte. Um zu verdeutlichen, wie Stops hier getroffen wurden, wurde ein volatilitätsabhängiger Stop-Indikator in den Chart eingezeichnet. Sie können deutlich erkennen, dass der Kurs dieses Stop-Niveau hier erreicht. Anschließend sehen wir im Tagesverlauf dann allerdings weitere deutliche Kursabschläge. Auf der Short-Seite hätte hier nichts anbrennen können. In diesem Fall hat uns ein Stop-Loss nicht vor Verlusten, sondern vor weiteren Gewinnen geschützt.

Auswirkungen von automatischen Trading-Systemen

Beachten Sie auch, dass durch den Einsatz von automatischen Trading-

Systemen (Algos) das grundsätzliche Marktrauschen deutlich erhöht ist. Sollten Sie ultrakurzfristig handeln (Scalping), müssen Sie die Tatsache akzeptieren, dass die von Trading-Programmen abgewickelten Trades Ihre diskretionären Fähigkeiten bei weitem übersteigen und Sie daher entweder häufiger Opfer von Fehlausbrüchen werden oder Sie Ihren Stop etwas weiter wegsetzen müssen.

Im täglichen Trading scheint es allerdings, dass gerade in sich schnell bewegenden Märkten (vor allem Futures) ein Stop-Loss nützlich sein kann.

Strategien

Wiederholung: Welche Stop-Strategien gibt es?

1. Stop-Strategien zur Absicherung des Trading-Kapitals
2. Stops zur Gewinnsicherung
3. Zeitstops, um gebundenes Trading-Kapital bei Nicht-Bewegung des Basiswertes wieder freizumachen

Die oben genannten Strategien lassen sich auf folgenden Grundlagen umsetzen:

1. eine feste Kapitalgröße (zum Beispiel 500 Euro)
2. eine Prozentgröße des momentanen Kurses des Basiswertes (zum Beispiel 1 Prozent)
3. eine Prozentgröße der Volatilität (zum Beispiel 50 Prozent der täglichen Volatilität)
4. basierend auf Technischer Analyse (zum Beispiel Chartmarken wie letztes Tief/Hoch)

Bei den Möglichkeiten 1 bis 3 liegt das Risiko im Geld, bei 4 im Chart.

Im Folgenden werden Sie konkrete Anwendungsbeispiele kennen lernen.

Auch wenn Sie nun die »negative« Seite des Stop-Loss kennen gelernt haben, sollten Sie, gerade wenn Sie mit Hebel traden (CFDs, Futures oder Ähnliches) einen Stop-Loss unbedingt einsetzen.

Sollte es zu einem Börsencrash kommen, werden Sie sonst Ihr Kapital vollständig verlieren oder Ihrem Broker sogar Geld schuldig bleiben.

Zumindest als kurz- bis mittelfristiger Trader sollten Sie in Ihrem Trading immer Stops anwenden.

Erinnern Sie sich immer daran: Ihr Trading-Kapital ist Ihre Geschäftsgrundlage!

Bevor Sie nun verschiedene Möglichkeiten der Stop-Setzung kennen lernen, beherzigen Sie noch folgenden Hinweis: Vergessen Sie niemals Ihre Stop-Orders. Sollten Sie nicht mit OCO-Orders (»one cancels the other«) handeln, kann es schnell passieren, dass eine Working-Order im System vergessen wird. Das kann zu einem bösen Erwachen führen, denn sollte diese Order in der Zukunft ausgeführt werden, haben Sie erstens einen ungewollten Trade und zweitens keinen Stop für diesen Trade im System. In diesem Fall ist es möglich (wenn auch über Umwege), dass ein Stop Ihr gesamtes Kapital vernichtet. Ansonsten sollten Stops natürlich genau das Gegenteil bezwecken.

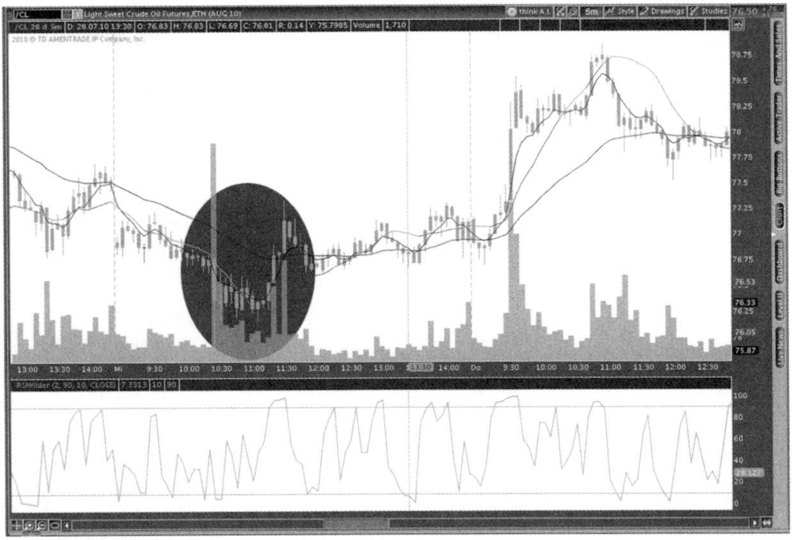

»Öl-Future 5-Minuten-Chart, 28.7.2010« Quelle: Thinkorswim

Hier sehen Sie einen Chart des Crude ÖL-Futures (/CL). Jeden Mittwoch werden um 16.30 Uhr deutscher Zeit die aktuellen Öllagerbestände veröffentlicht. Dieser Bericht ist marktbewegend und zieht deutliche Kursschwankungen im Ölpreis nach sich.

Viele Trader vergessen in der täglichen Routine diesen Termin ab und zu und sind investiert, wenn es zu starker Volatilität kommt. In diesem Fall kann Ihr Stop-Loss Sie (meistens!) vor größeren Verlusten schützen. Der Hintergrund ist, dass die einsetzenden Kursbewegungen so schnell ablaufen, dass Sie darauf händisch kaum reagieren können. Selbst Ihre aufgegebene Order führt in den meisten Fällen in »Fast-Moving Markets« zu Slippage und schlechterer Ausführung. Der obige Chart zeigt Ihnen, wie schnell es gehen kann. Sollten Sie auf der Suche nach Beispielen für »Fast-Moving Markets« sein, finden sie bei YouTube zahlreiche (abschreckende) Beispiele (Stichwort: »Fast-Moving Markets« oder »Trading FOMC«)

Abgesehen vom oben erwähnten Negativbeispiel ist der Stop in den überwiegenden Fällen Ihre Notbremse, wenn Sie kurzfristig und mit Hebel handeln!

Stop-Strategien

Ein vernünftiges Hintergrundwissen über die Auswirkung des Stop-Loss auf die mögliche Performance ist für jeden Trader notwendig. In der täglichen Handelsroutine eines Day-Traders allerdings lassen sich viele Stop-Strategien nicht analog zum Swingtrading umsetzen. Hier gilt eine einfache Faustregel:

Riskieren Sie ca. 3 Prozent Ihres Gesamtkapitals für jeden Trade.

Finden Sie Trade-Set-ups mit einem CRV von mindestens 4 : 1.

Führen Sie Ihre Stops rigoros aus.

Im Day-Trading bedeutet das, dass wir uns in den Set-ups häufig nach 1 bis 3 Cent ausstoppen lassen und den Trade erneut evaluieren. Wenn Sie diesen Stil traden, schreiben Sie am Tag viele Tickets (führen Sie viele Orders aus). Aus diesem Grund benötigen Sie günstige Gebühren für Ihr Trading (wir traden mit 40 Cent/Halfturn für 100 Aktien).

Ein Stop muss charttechnisch sinnvoll platziert sein und mit dem Money-Management sowie dem Tape harmonieren. Ziel ist es, möglichst viele Trades durchzuführen, um das Risiko zu minimieren. Halten Sie sich daher an Ihre Stops. Als Day-Trader werden Sie wenige Trades verpassen (anders als Swing-Trader, die häufig nur ein oder zwei Chancen für einen Entry bekommen). Sie können jederzeit einen neuen Trade eingehen, wenn Ihr Trade-Set-up sich erneut materialisiert.

Einige Beispiele

Feste Kapitalgrößen
Schnell und einfach: Definieren Sie einfach eine feste Größe an Geld, die Sie bereit sind zu riskieren, ziehen Sie diesen Betrag von Ihrem Einstiegskurs ab, und platzieren Sie Ihre Stop-Order.

Beispiel:
Sagen wir, Sie traden den EUR/USD-Wechselkurs. Sie sind bei 1,4585 eingestiegen und wollen 100 Dollar riskieren. Da ein Pip (0,0001) Bewegung 10 Dollar ausmacht, müssen Sie Ihren Stop 10 Pips (0,0010) von Ihrem Einstiegskurs entfernt setzen.

Wann kann diese Strategie Anwendung finden?

Diese Strategie ist »perfekt« für Anfänger, da keine komplexeren Rechnungen ausgeführt werden müssen. Sie müssen Ihren Stop einfach von Ihrem Einstiegskurs abziehen (bzw. addieren, wenn Sie die andere Marktrichtung handeln). Sollten Sie einen Basiswert ohne größere Volatilität handeln, bietet sich diese Strategie an.

Eine Prozentgröße des momentanen Kurses des Basiswertes
Um diese Strategie umzusetzen, müssen Sie lediglich Ihren Einstiegskurs mit Ihrem Stop (in Prozent) multiplizieren. So erhalten Sie Ihren Ausstiegspunkt.

Beispiel:
Sie traden den E-Mini NASDAQ und Sie haben einen 0,5-Prozent-Stop definiert. So subtrahieren Sie 0,5 Prozent (= 10, 75) von Ihrem Einstiegskurs von zum Beispiel 2151,75 für einen Exitkurs bei 2141.

Diese Strategie bietet sich an, wenn Sie verschiedene Märkte/Basiswerte gleichzeitig traden.

Eine Prozentgröße der Volatilität
Diese Strategie ermöglicht es Ihnen, Ihren Maximalverlust an der Volatilität der Märkte zu orientieren. Das bedeutet, dass der Stop-Abstand in volatilen Marktphasen größer und in weniger volatilen Marktphasen kleiner wird.

Um diese Strategie anwenden zu können, müssen zwei Schritte vollzogen werden:

1. Sie müssen die Volatilität bestimmen
2. Multiplizieren Sie dieses Ergebnis mit dem Prozentsatz, den Sie bereit sind zu riskieren

Beispiel:
Die Volatilität können Sie über die ATR (Average-True-Range-Indikator) bestimmen.

Wenn die ATR 16 Dollar beträgt, können Sie diesen Wert für Ihre Rechnung benutzen. 16 Dollar x 1 Prozent Risiko = 16 Dollar. Bei Trading mit der ATR sollten Sie beachten, dass Sie nicht nur die einfache, sondern eher die 1,5-fache ATR für Ihren Stop-Abstand wählen sollten.

Diese Strategie können Sie nutzen, wenn Sie Basiswerte mit großer Volatilität traden (Futures, besonders Commodity-Futures).

Sie haben nun die Vor- und Nachteile von Stops im Allgemeinen und von speziellen Stop-Strategien kennen gelernt. Hoffentlich konnten Sie so eine neue Sichtweise auf Ihr Risikomanagement entwickeln. Das Prinzip des Chance-Risiko-Verhältnisses ist für die Stop-Setzung in den meisten Fällen von besonderer Bedeutung. Je größer Ihre Hebel sind und je kleiner Ihr Zeithorizont gewählt ist, desto unentbehrlicher sind Stops. Sollten Sie 1 : 1 traden und keinen Hebel nutzen, sollten Sie sich in Bullenmärkten den Einsatz eines Stops gut überlegen. Statistische Daten (siehe oben) belegen, dass sich der Einsatz eines Stops in Trendmärkten (Aufwärtstrend) negativ auf die Performance auswirkt. In Bärenmärkten hingegen ist auch bei ungehebeltem Investment ein Stop-Loss zu empfehlen.

Die meisten Trader wenden kurz- bis mittelfristige Strategien an. Sollten Sie sich zu dieser Gruppe zählen, ist es notwendig, dass Sie eine ausgewogene Balance zwischen dem charttechnischen Set-up und dem Risiko im Geld wählen: Sollten Sie einen charttechnisch sinnvollen Stop setzen, der sich mit keiner vernünftigen Risikogröße im Geld verträgt (zum Beispiel 50 Dollar entfernt), müssen Sie Ihre Positionsgröße reduzieren. Lassen Sie einen Trade mit ungenauer Stop-Setzung aus, und warten Sie auf die nächste Chance. Je kleiner Ihre Zeitebene ist, desto häufiger werden Sie ein neues Signal bekommen.

Als Scalper wenden Sie teilweise nur 2-bis-3-Cent-Stops an und werden gegebenenfalls häufig ausgestoppt. So haben Sie unter Umständen mehrere hundert Trades pro Tag ausgeführt (schauen Sie sich einmal an, wie viele Trades der berühmte Bund-Future-Trader Paul Rotter durchführt ...)

Stops müssen sinnvoll sein – das ist die wichtigste Regel. Für uns kurzfristige Trader bedeutet das, charttechnisch wichtige Marken zu nutzen und den Stop entsprechend darum zu platzieren. Hier gibt es keine besondere Regel außer der, dass Sie scheitern werden, wenn Sie einen Stop »unter« eine Range platzieren in der Hoffnung, dass die Range nach oben aufgelöst wird, wenn Sie also versuchen, eine Kursbewegung zu antizipieren. Wenn Sie richtig traden, dann raten Sie nicht, sondern nutzen Wahrscheinlichkeiten, um Ihren Trading-Plan auszuführen. Wer rät, verliert. Wer Bestätigung bekommt, gewinnt. Als Scalper sind Sie in der komfortablen Situation, Ihre Meinung ständig ändern zu können. Es ist egal: Vielleicht waren Sie 20 Mal short und haben Gewinne angesammelt, bevor Sie dann letztendlich auf der Long-Seite eine substantielle Bewegung erwischen. Arbeiten Sie wie ein Roboter, und nutzen Sie diese Erkenntnis auch für Ihre Stop-Strategie.

Quellen:

Hull, John C.: Options, Futures and Other Derivatives. Prentice Hall, 6th ed. 2005.

Katz, Jeffrey Owen / McCormick, Donna L.: The Encyclopedia of Trading Strategies. McGraw-Hill, 1st ed. 2000.

Ma, Wilson / Morita, Guy / Detko, Kira: Re-examining the Hiden Costs of the Stop-Loss.
http://ssrn.com/abstract=1123362

Macrae, Robert: The Hidden Cost of the StopLoss. Arcus Investments, AIMA Journal. 2005.
Nilsson, Peter: Money Management Matrix. Technical Analysis of Stocks & Commodities. 2006.

Rupert, David. Statistics and Finance. Springer. 2006.

Seykota, Ed.: Risk Management. The Trading Tribe. 2003. http://www.seykota.com/tribe/risk/index.htm.

Smith, Reginald D.: Is high-frequency trading including changes in market microstructure and dynamics?
http://arxiv.org/abs/1006.5490

Woolridge, Jeffrey: Introductory Econometrics: A Modern Approach. South-Western College Publications, 3rd ed. 2005.

Zivot, Eric: Lecture Notes for Economics, 424: Computational Finance. University of Washington. 2007.

Umfrage auf Daytrading.de 05/2010

www.daytrading.de/coaching

Teil 3: Behavioral Finance

the biggest gap in your life is that between what you know and what you do!

Behavioral Finance beschäftigt sich mit der Psychologie der Anleger. Im Grunde genommen geht es darum, aufzuzeigen, wie Trading-Entscheidungen tatsächlich zustande kommen und welche Fehler immer wieder gemacht werden.

Trader sind nie allwissend und agieren nicht rational, im Gegenteil, hinter Kursbewegungen steht die Massenpsychologie von Millionen von Menschen, die subjektive Investmententscheidungen treffen. Wir glauben nicht an den Homo oeconomicus und daran, dass in den Kursen jederzeit alle Informationen eingearbeitet sind. Trading hat sehr viel mit Ihrer Psychologie zu tun, genauso wie Ihr persönlicher Erfolg auch. Die Marktteilnehmer sind dem Herdentrieb ausgeliefert, und aus diesem Grund können Sie als Day-Trader auch bestehen. Wäre der Markt völlig rational, gäbe es keine Möglichkeit für Sie, als Day-Trader zu profitieren. Massenpsychologische Phänomene werden Sie an der Börse immer und überall finden, weil es ein Marktplatz ist, wo Menschen tätig sind. Ein Mensch ohne Emotionen wäre ein Computer und selbst der ist von Menschen programmiert. Schlechte Trader tendieren dazu, immer wieder dieselben Fehler zu machen – weil wir von Angst und Gier getrieben werden. Dabei ist es vollkommen gleichgültig, welche Instrumente auf welcher Zeitebene gehandelt werden, de facto reagieren alle Märkte gleich.

Da der Mensch nicht immer rational vorgeht, handelt es sich bei der Einhaltung von Vorsätzen um ein schwieriges Unterfangen. Fragen Sie einmal, welcher Raucher in Ihrem Freundeskreis gerne mit dem Rauchen aufhören möchte, es aber nicht schafft. Wir müssen uns erfolgbringende Gewohnheiten systematisch antrainieren, dazu bedarf es oft eines Coachs oder Mentors.

Sie müssen die eigene Psyche und damit das größte Hindernis auf dem Weg zum Erfolg als Trader unter Kontrolle bringen.

Jeder kann auf Erfahrungen zurückgreifen, auf Arbeitstage, an denen man besonders gut arbeitete und sich an seine eigenen geplanten Vorgaben gehalten hat, und auf andere Tage, an denen nicht nur der Plan fehlte, sondern auch die Umsetzung äußerst schlecht war. Oft liegt es schon allein an der Herangehensweise. Wer sich täglich professionell vorbereitet, ist klar im Vorteil. Oft macht sich Unprofessionalität darin bemerkbar, dass ein Plan zwar vorhanden ist, aber die Haltung in manchen Momenten eher entspannt und nicht konsequent ist. Auch ein Experte vergisst manchmal, seinen Plan konsequent in die Tat umzusetzen. Niemand ist perfekt, doch um ein guter Trader zu werden, müssen Sie täglich danach streben, disziplinierter vorzugehen. Disziplin könnte man also weniger als Eigenschaft betrachten, sondern als eine Art der Herangehensweise an eine Tätigkeit, die je nach Einstellung mal vorhanden sein kann oder auch nicht. Es liegt also an uns, die Einstellung im Vorfeld entsprechend anzupassen, um ein hohes Maß an Disziplin zu erreichen.

Psychologie: So werden Sie zum erfolgreichen Day-Trader

Ihr Ziel als Trader sollte es sein, der beste Trader zu werden, der Sie sein können. Dafür müssen Sie hart arbeiten. Sie müssen sich diszipliniert und konsequent mit dem Thema auseinandersetzen und darauf konzentrieren, was wichtig für Ihren Fortschritt ist. Als Trader werden Sie mit einer Fülle an Informationen konfrontiert, und es liegt an Ihnen, das Wichtige vom Unwichtigen zu unterscheiden. Sie können niemals alle Entwicklungen an den Finanzmärkten zugleich berücksichtigen. Eigentlich ist Trading simpel, doch das Schwierige ist, das Gesamtbild nicht aus den Augen zu verlieren und täglich das zu tun, was wichtig ist.

To-do-Liste für Trader:

> Sie suchen charttechnische Niveaus

> Sie beobachten den Gesamtmarkt und Korrelationen

> Sie beobachten das Tape/Orderbuch
> Sie finden Muster im Markt und traden diese
> Sie arbeiten fokussiert
> Sie bereiten sich regelmäßig gründlich auf den Markt vor
> Sie wissen, welches Set-up gut für Sie funktioniert
> Sie halten nicht an Verlierern fest und Sie sind kein Prophet
> Sie haben einen ausgeglichenen Lebensstil
> Sie sind beim Trading voll und ganz bei der Sache. Sie schreiben während des Tradens keine E-Mail und führen keine Telefongespräche nebenbei.

Jeder Trader hat Stärken und Schwächen, und Sie müssen durch Trial & Error herausfinden, was für Sie am besten funktioniert. Jeder hat andere Talente, Auffassungsgaben und Risikoaversionen. Versuchen Sie, herauszufinden, was für Sie nicht funktioniert, und eliminieren Sie es aus Ihrem Trading-Arsenal. Vielleicht finden Sie heraus, dass Sie sich schwer damit tun, Technologie-Aktien zu handeln, und am besten den Währungs-Future traden können. Finden Sie die für Sie passende Positionsgröße, nachdem Sie konstant mit kleinem Risiko Gewinne erwirtschaftet haben. Am besten führen Sie ein Tagebuch oder einen Blog, damit Sie herausfinden, wo Ihre Stärken liegen. »Stärken stärken und Schwächen schwächen« lautet die Devise!

Wenn wir die Schlüssel für erfolgreiches Day-Trading in vier Punkten zusammenfassen müssten, dann wären diese:

1. konsistentes Risikomanagement
2. mentale Disziplin und emotionale Intelligenz
3. harte Arbeit – tägliche Analysen und Marktvorbereitungen
4. Anpassungsfähigkeit und Flexibilität

Emotionen kontrollieren

Der Schlüssel zu erfolgreichem Day-Trading liegt in der Kontrolle Ihrer Emotionen. Nur wenn Sie Ihre Emotionen kontrollieren, können Sie vernünftig Risiko managen. Wenn Sie emotional werden, treffen Sie mit Sicherheit keine guten Trading-Entscheidungen. Zeigen Sie mir einen erfolgreichen Day-Trader und Sie haben einen emotional ausgeglichenen Menschen gefunden! Aktien performen nicht gut, weil wir es wollen. Dem Markt ist es egal, wie es uns heute geht, und der Future wird sich nicht in Ihre Richtung bewegen, nur weil Sie das wollen. Der Markt ist immer neutral und fair zu allen Marktteilnehmern: Die Besten gewinnen. Traditionelle Finanzliteratur lehrte bis vor kurzer Zeit die Rationalität und Effizienz der Märkte. Heutzutage ist allgemein bekannt, dass sich die Marktteilnehmer häufig irrational und unberechenbar benehmen. Ein neues Forschungsfeld ist entstanden: Behavioral Finance.

Sie müssen eine Möglichkeit finden, Ihre Emotionen beim Trading in den Griff zu bekommen. Wenn Sie panisch, ängstlich oder gierig an den Märkten handeln, werden Sie verlieren. Natürlich sagt sich das leichter, als es wirklich ist.

Damit Sie selbst erkennen, wenn Sie in einem emotionalen Problem stecken, haben wir im Folgenden wichtige gefährliche Emotionen für Sie beschrieben:

Angst

Angst empfinden Sie, wenn Ihr Körper Sie vor einer Gefahr warnen will. Dies ist grundsätzlich eine nützliche Funktion, doch beim Day-Traden kann Ihnen das zum Verhängnis werden. Ihr Körper schlägt Alarm – der Kampf-und-Flucht-Reflex setzt ein: Ihre Muskeln werden angespannt, das Herz schlägt schneller und andere körperliche Funktionen schalten sich ein. Durch diese emotionale Veränderung trauen Sie sich nicht in offensichtliche Trades, halten an Verlierern fest und sind zu nervös. Anstatt sich darauf zu konzentrieren, Geld zu verdienen, konzentriert sich der ängstliche Trader darauf, nichts zu verlieren. Das Paradoxe an der Situation ist: Wer nichts riskiert, der hat schon verloren. Als Trader sind Sie Risikomanager, und wenn Sie keine Risiken eingehen, dann sind Sie kein Trader. Sie sind dann ein guter Trader, wenn Sie wissen, wann

Sie wie viel riskieren müssen. Dies können Sie nur über Erfahrung lernen und diese bekommen Sie nur dann, wenn Sie viele Fehler machen. Michael Jordan, der bekannte NBA-Basketball-Spieler, sagte einmal in einem Interview auf die Frage, warum er so erfolgreich geworden sei: »I have failed over and over again in my life and that is why I succeed.« – »Ich bin immer wieder gescheitert in meinem Leben, und deshalb bin ich so erfolgreich.« Jeder Trader verliert ab und zu Geld, besonders Anfänger. Sie werden am Anfang so schlecht sein wie zu keinem anderen Zeitpunkt Ihrer Karriere. Wie könnte es auch anders sein?

Konzentrieren Sie sich auf Ihren Trading-Plan und auf das, was Sie beeinflussen können. Wenn Sie eine starke Emotion beim Traden fühlen, dann sollten Sie das möglichst früh erkennen und von ihrem PC weggehen und so lange keine Trades mehr machen, bis Sie sich wieder ausgeglichen und wohl fühlen. Kapitalerhalt ist immer Regel Nummer eins! Eine weitere Möglichkeit, Ihre Ängste in den Griff zu kriegen, besteht darin, einen Notfallplan zu entwickeln, was Sie machen, wenn Ihr Trading scheitert. Es lässt sich viel leichter handeln, wenn Sie nicht von Ihren Gewinnen abhängig sind. Wenn Ihnen im Falle eines Kapitalverlustes nichts passiert, dann haben Sie einen Baustein für erfolgreiches Trading gesetzt.

Gier

Viele Trader glauben, der einzige Grund, um zu traden, sei das viele Geld, das man dabei verdienen kann. Wenn Sie nur auf das Geld aus sind, dann werden Sie nach ersten Gewinnen gierig werden und Ihr Risiko zu stark erhöhen. Kontrolliertes, sauberes Trading wird auf einmal über Bord geworfen. Erfolgreich werden Sie, indem Sie viele Trades machen, die für Sie funktionieren, und diese wiederholen. Doch wenn Sie nach ein paar Gewinnern aus Gier größere Positionen kaufen, dann müssen Sie auch bereit sein, mehr zu verlieren. Halten Sie das aus? Starten Sie lieber klein und bleiben Sie klein, bis das nötige Selbstbewusstsein aufgebaut wurde. Verfrüht die Positionsgröße anzuheben, nur um größere Gewinne in kürzerer Zeit zu sehen, ist ein typischer Anfängerfehler. Sie lernen nicht, 20.000 Dollar zu verdienen, indem Sie 20.000

Dollar riskieren. Sie müssen sich mit kleinen Schritten zum Erfolg traden. Day-Trading ist eben ein Marathon und kein Sprint. Wenn Sie leicht gierig werden, dann arbeiten Sie mit Kurszielen und Limit-Orders! So wird Ihre Position zu einem vorher definierten Kursniveau immer geschlossen. Vergessen Sie nie: »You never go broke taking profits.«

Langeweile

Day-Trading kann sehr anstrengend sein. Besonders wenn der Markt nichts hergibt. Es gibt Zeiten, in denen man am besten nicht tradet. Das gilt sowohl für das Swingtrading als auch für das Day-Trading. Wenn Sie acht Stunden pro Tag vor dem Computer sitzen und es gibt drei Stunden davon nichts zu tun, dann ist die Gefahr groß, nur aus Langeweile Trades einzugehen. Wenn Sie traden, dann müssen Sie mit voller Konzentration dabei sein. Halbe Konzentration führt nie zum Erfolg. Wenn Sie merken, dass Sie müde werden und sich langweilen, dann machen Sie lieber eine Pause und gehen Sie an die frische Luft oder machen Sie sonst etwas Produktives, um Ihre Stimmung zu heben.

Generell sollten Sie als Day-Trader einen ausgeglichenen Lebensstil haben und auf Ihre Gesundheit achten. Day-Trading ist sehr belastend und wenn Sie unter erhöhtem Stress oder sogar Depressionen leiden, haben Sie keine Chance, erfolgreich zu traden. Professionelle Day-Trader haben auch ein Leben neben den Märkten. Wir schließen unsere Positionen, machen nach Marktschluss den Monitor aus und vertiefen uns in andere Tätigkeiten wie Sport, Familie, Freundin, Hobbys etc.

Auf den Stress, der beim Trading entsteht, reagiert der Körper und schüttet zwangsläufig Stresshormone aus. Sie können dieses Phänomen bekämpfen und vorbeugen, indem Sie Ihren Körper in guter Form halten und für mentale Ausgeglichenheit sorgen. Wohl eine der besten Methoden, um Stress abzubauen, besteht darin, regelmäßig Ausdauersport zu treiben. Wenn Sie sich damit nicht auskennen, dann kaufen Sie sich ein Sportbuch oder gehen Sie zu einem Fitnessberater! Dreimal pro Woche 40 Minuten zu laufen wird Ihnen mehr für Ihr Trading bringen, als wenn Sie diese Zeit zusätzlich in Ihr Day-Trading stecken. Messen Sie einmal beim Trading mit einer Pulsuhr Ihren Puls im Tagesverlauf. Trainierte Trader (und damit ist auch körperlich trainiert gemeint) werden einen deutlich ruhigeren und langsameren Puls aufweisen als der Trader, der bereits zwei Stunden vor Markteröffnung zur Chipstüte greift, am Morgen zehn Tassen schwarzen Kaffee und über den Tag zwei Flaschen Cola trinkt oder gar einige andere Süchte aufweist. Sollten Sie sich zu einer moderateren Form der letztgenannten Traderpersönlichkeit zählen, dann werden Sie umso schneller feststellen, welche Erfolge Ihnen tägliches Joggen (mindestens 40 Minuten) bringen. In unserem Trading-Desk in New York steht im Einführungstext für neue Trader »Curb your Sugar and Coffee« – »Reduzieren Sie Ihren Zucker- und Kaffeekonsum«. Als Topathlet rauchen Sie nicht und essen auch nicht einen Teller Gyros vor dem Wettkampf. Bleiben Sie körperlich fit und agil, und Sie werden einen wichtigen Beitrag für Ihr erfolgreiches Trading leisten.

Es gibt zahlreiche Möglichkeiten, um für ein ausgeglichenes Leben zu sorgen: Sie können einen Yoga-Kurs besuchen, meditieren, Zeit mit Freunden und Familie verbringen oder anderen Hobbys nachgehen. Finden Sie das, was Ihnen Entspannung bringt, und werden Sie nicht zum 24-Stunden-Day-Trader.

Als Trader müssen Sie stets danach Ausschau halten, Neues über das Traden zu lernen. Lesen Sie neue Bücher, neue Blogs und reden Sie mit Tradern über ihre Strategien. Day-Traden zu Hause kann ein einsamer Job sein, doch es liegt an Ihnen, ob Sie das zulassen! Sie können genauso einer Trading-Firma beitreten, sich einen Partner suchen oder in einem Online-Chatroom andere Trader kennen lernen und gegenseitig Trade-Ideen austauschen! Viele Chatrooms halten Sie von der Arbeit ab, aber vereinzelt finden Sie auch Chatrooms, in denen sich wirklich professionelle Trader austauschen. Nutzen Sie diese Chance, um von erfahrenen Tradern zu lernen, und suchen Sie sich einen Mentor! Ein Coaching kann hier auch einiges an Hilfe bieten. (Ja, wir bieten auch Coachings an.)

So bekommen Sie Ihre Emotionen in den Griff

Eine Strategie, um emotional flexibel zu bleiben, besteht darin, sich auf alle Möglichkeiten vorzubereiten. Das geht nur, wenn Sie einen Trading-Plan haben und genau wissen, wie Sie sich verhalten werden.

Sie können Visualisierungstechniken nutzen, um alle Möglichkeiten eines Trading-Verlaufes durchzuspielen.

Ein Beispiel:

Gehen Sie Ihre Charts vor Handelsbeginn durch und finden Sie die Titel, die Sie handeln wollen. Entwickeln Sie Ein- und Ausstiegsszenarien für die wichtigen Chartmarken. Notieren Sie sich die wichtigsten Niveaus, und lernen Sie diese auswendig.

Wenden Sie vor Handelsbeginn eine halbe Stunde auf, um sich zu entspannen. Schließen Sie die Augen, und gehen Sie Ihre Trading-Set-ups wieder und wieder durch. Achten Sie auf Ihre Atmung. Visualisieren Sie, wie der Kurs wichtige Chartmarken durchbricht oder genau das Gegenteil vom dem eintritt, was Sie sich überlegt haben. Bleiben Sie mental agil und gehen Sie jedes Szenario wieder und wieder vor Ihrem geistigen Auge durch.

So bleiben Sie ruhig und entspannt, wenn Ihre Position in den Verlust läuft. Sie brauchen sich keine Sorgen zu machen, denn Sie wissen genau, was zu tun ist. Führen Sie Ihren Plan aus und re-evaluieren Sie das Marktgeschehen. So sind Sie schnell zur Stelle, wenn Sie ein neues Signal erhalten, und nicht paralysiert, weil Sie gerade einen größeren Verlust verbuchen mussten. Trading ist ein Hochleistungssport. Sie müssen Topathlet sein, um gegen die Konkurrenz (Goldman Sachs, JP Morgan, große Hedgefonds und vieles mehr) eine Chance zu haben, das heißt zu erkennen, wann Sie sich an die Orders der Institutionen anhängen können, um zu profitieren. Sollten Sie anderer Ansicht sein, dann packen Sie am besten Ihre Tasche, lassen Sie sich Ihr Trading-Kapital auszahlen und fahren Sie in den Urlaub. Dann ist Trading nichts für Sie. Auf lange Sicht werden Sie so verlieren. Auch wenn Sie vielleicht gerade mal 7000 Prozent in einem Jahr gemacht haben. Einmalige, große Gewinner sind nicht repräsentativ. Trading ist ein Spiel auf Zeit, und das müssen Sie meistern – jeden Tag – über Jahre. Dazu benötigen Sie Disziplin, Fachwissen, Erfahrung und Demut. All das werden Sie nur mit harter Arbeit erlangen. Wer nicht hart arbeitet, der verliert.

Bereiten Sie sich auf jeden Trading-Tag angemessen vor. Während unserer Arbeit in einem New Yorker Hedgefonds wenden wir täglich zwei Stunden für die Marktvorbereitung auf. Sollte ein Trade für uns laufen, haben wir einen schriftlichen Plan. Sollte er gegen uns laufen, haben wir auch einen schriftlichen Plan. Keinem Trader dort wird es erlaubt zu handeln, sollten die Trading-Pläne nicht vor Handelsbeginn schriftlich fixiert sein. Nur wer vorbereitet ist, hat eine Chance, profitabel zu agieren. Gelegentlich kommt der Cheftrader an den Handelsplatz und überprüft die Positionen auf dem Plan. Ob ein Trade für einen oder gegen einen läuft, ist egal – solange der Plan befolgt wird, ist es ein guter Trade. Die Handelsstrategien sind statistisch abgesichert – auf lange Sicht. Traden wir unseren Plan, dann gewinnen wir! In keinem Business der Welt ist der Wettbewerb so stark wie im Trading-Business. Sollten Sie nicht performen, fliegen Sie raus. Nur die Besten gewinnen, und die Besten sind immer vorbereitet.

Merken Sie sich: »Luck always follows the prepared mind!«

Adaptation: Warum es immer anders ist und nur derjenige gewinnt, der sich anpasst

Die Märkte verändern sich stets. Das einzig Sichere an den Märkten ist die Veränderung. Als erfolgreicher Trader müssen Sie schnelle Entscheidungen im Zustand der Unsicherheit treffen. Denn an der Börse wird es nie hundert Prozent Sicherheit geben. Um unter dieser Unsicherheit dennoch schnelle und vor allem gute Entscheidungen treffen zu können, müssen Sie selbstsicher sein. Aus genau diesem Grund ist psychische Stabilität für erfolgreiche Trader sehr wichtig. Sie müssen ein unglaublich starkes Selbstbewusstsein haben und für ein starkes Selbstbewusstsein braucht man viel Erfahrung. Erfahrung wiederum ist das Resultat von vielen Fehlentscheidungen. Und genau diese Erfahrungen aufgrund von Fehlentscheidungen machen viele Menschen nicht, weil sie Angst haben zu verlieren. Hieraus ergibt sich der erste Baustein für Ihren Trading-Erfolg: Sie müssen Ihren »Entscheidungsmuskel« mit viel Ausdauer trainieren. Je mehr Fehler Sie machen, desto besser – wenn Sie daraus etwas lernen.

Von vielen Seiten hört man, dass Trading einfach sei. Wir sind da anderer Meinung. Wenn Trading wirklich so einfach wäre und man Chartformationen nur auswendig lernen oder simplen automatisierten Trendfolge-Systemen sein Vermögen anvertrauen müsste – warum ist dann nicht jeder reich? Es geht eben nicht nur darum, die Funktionalität der Technischen Analyse zu erlernen und ein paar richtige Ein- und Ausstiegspunkte zu finden. So simpel ist es nicht! Damit kommen wir zum zweiten Baustein für Ihren Trading-Erfolg: Wenn Ihnen jemand ein Handelssystem verkaufen will, das einfach ist – dann laufen Sie! Alles, was im Leben erstrebenswert ist, bedarf großer Anstrengung. Sie können Ihre Lernkurve nicht überspringen.

Es passiert immer wieder, dass Trader wiederholt zu große Positionen riskieren, weil sie unbedingt sehr schnell sehr viel Geld verdienen wollen, ohne zuerst Schritt für Schritt das Handwerk zu erlernen. Es wird gespielt – »gezockt«, kann man wohl besser sagen. Aber wenn Sie so traden, können Sie auch gleich ins Casino gehen. Day-Traden ist eben ein Marathon und kein Sprint! Erfolgreiche Trader verbringen Stunden und Tage damit, besser zu werden und zu wachsen. Der dritte Baustein für Ihren Trading-Erfolg: Sie lernen jeden Tag mehr über die Börse.

Hier lauert allerdings eine Gefahr für besonders engagierte Trader: Menschen, die sich durch die Beschäftigung mit der Börse immer mehr von ihrer Außenwelt abschotten, neigen dazu, sich in für sie positive Gedankenwelten zu verlieren, was sie dann irgendwann dazu bewegt, irrationale Trades einzugehen. Was Sie daraus lernen können: Passen Sie auf, dass Sie nicht in eine solche Abhängigkeit geraten, und nehmen Sie lieber rechtzeitig eine Auszeit von der Börse, um wieder einen Blick für das Gesamtbild zu bekommen.

Wenn Sie glauben, Sie hätten das Patentrezept für ein erfolgreiches Trading in nur einer einzigen Strategie gefunden, wird die nächste Marktphase Sie bitter enttäuschen.

Trading ist ein Business und wie jedes Business braucht es ein vernünftiges Startkapital. Es ist erstaunlich, wie viele Menschen immer noch glauben, mit einem kleinen Konto von ein paar tausend Euro und ohne viel Aufwand beim Trading langfristig wirklich erfolgreich sein zu können.

Natürlich werden Sie einige Trader finden, die in den »fetten Jahren« der Dotcom-Blase ein richtig »fettes Vermögen« verdient haben – allerdings nur, um es dann nach dem Platzen eben jener Blase den Märkten wieder zurückzugeben. Das heißt, diese »Glücksritter« verlieren ihr Geld wieder, sobald sich die Marktphase ändert. Und genau diese Tatsache führt zum vorerst letzten Baustein für Ihren Trading-Erfolg: Sie müssen flexibel sein. An der Börse kommt es oft anders als erwartet – es ist eben wie im Leben: Wie können Sie wissen, wo Sie in fünf Jahren stehen werden? Viele Menschen wollen ein handfestes System mit möglichst unumstößlichen Regeln. Doch als konstant profitabler Trader müssen Sie auch flexibel sein und sich den Markttrends anpassen. Wenn es ein dauerhaft gewinnendes System geben würde, wäre es nicht schon von einer Großbank entdeckt worden? Jede Strategie hat ein Verfallsdatum, und nur Sie können entscheiden, wann Sie Ihre Strategie anpassen, um die nächste Marktphase erfolgreich zu meistern.

Trading im Team: Das Umfeld trägt zum Erfolg bei

Beim Trading geht es um Höchstleistungen. Sie handeln umso erfolgreicher, wenn Sie sich mit guten Tradern umgeben. Dann erledigen sich Faktoren, die Ihr Trading negativ beeinflussen, ganz von selbst (mal den Fernseher anschalten, mal was essen gehen usw.). Wenn wir im Hedgefonds in New York traden, sitzen wir mit 20 Tradern im Handelsraum. Jeder versucht, sein Bestes zu geben, und ist hochkonzentriert. Die richtige Einstellung und ein vom Wettbewerb geprägtes Umfeld tragen erheblich zu Ihrem Trading-Erfolg bei! Versuchen Sie daher, einen Trading-Partner zu finden oder gar einen Coach zu engagieren, der Sie beim Trading herausfordert. Nur so werden Sie zum Top-Performer!

Exkurs: NLP als Bewältigungsstrategie in schwierigen Zeiten
Neurolinguistische Programmierung (kurz NLP) ist Anfang der 1970er Jahre an der University of California in Santa Cruz entstanden und versteht sich als ein Modell der zwischenmenschlichen Kommunikation und eine Sammlung unterschiedlicher psychologischer Verfahren und Modelle, die zu einer effektiveren zwischenmenschlichen Kommunikation und Einflussnahme führen. Die meisten Gebiete der NLP spezialisieren sich auf die Kommunikationswissenschaften. NLP ist allerdings viel mehr als nur ein Hilfsmittel bei der Kommunikation. In der NLP arbeitet man auch viel mit Visualisierung, da das Unterbewusste nicht zwischen Realität und Fiktion unterscheiden kann. Für das Unterbewusste sind alle Eindrücke immer »real«. Erst das Bewusstsein erklärt uns, was in Wirklichkeit passiert. Wichtig für Sie ist es, Ihre Ziele innerlich auszuformulieren, damit Sie sich diese vorstellen können. Aus diesem Grund müssen Sie sich gezielte Fragen für Ihr Intraday-Trading stellen und in der NLP gibt es einige Standardfragenkataloge, mit denen man seine Arbeit beginnen kann.

Hier eine Checkliste von Fragen, die Sie durchgehen können:

- Was versuche ich, mit dem Trading zu erreichen?
- Was werde ich verlieren oder gewinnen, wenn ich es erreicht habe?
- Wie kann ich ein besserer Trader werden?
- Wo sind meine Stärken als Trader?
- Wie kann ich meine negativen Erfahrungen positiv einsetzen?
- Was ist der Grund, warum ich traden will?
- Ist das Ziel positiv gesetzt?
- Wie kann ich mein Trading mit meinen sonstigen Tätigkeiten erfolgreich vereinbaren?

Die Fragen sind universal verwendbar. Auch wenn diese Fragen banal sind, stellen Sie sich diese Fragen zu Ihrem Day-Trading immer wieder.

Hochleistungssport Trading

Die Psychologie ist (wie bereits mehrfach gesagt) die Basis für Handelserfolg – und der einzige Weg zu Spitzenleistungen. Was gute Trader von schlechten unterscheidet, ist ihr konsistentes Handeln. Das Unterbewusstsein lenkt und steuert unser Tun und damit auch unser Trading. Unterbewusst haben wir einen gewissen Wertekatalog in uns abgespeichert. Unser Hirn funktioniert wie ein Computer, der ein bestimmtes Programm abspielt. Doch wir können uns auch selbst »neu programmieren«. NLP ist beispielsweise eine sehr effektive Technik – wenn auch häufig kritisiert. Die Kraft der Visualisierung und des Unterbewussten wird häufig unterschätzt. Wir haben eine Zeit lang mit einem sehr erfolgreichen Hedgefonds in New York gearbeitet, und raten Sie, was die Trader jeden Tag dort machen: Visualisierungs- und Entspannungstraining. Als Trader arbeiten Sie, so viel Sie wollen und so oft Sie wollen. Sie werden wie jeder Hochleistungssportler nicht für Ihre Arbeitszeit bezahlt, sondern für die Leistungen, die Sie bringen. Sie müssen nicht 100 Stunden pro Woche in Ihr Trading investieren, aber Sie sollten Trading als Hochleistungssport ansehen. Wer gewinnen will, muss täglich konstant gute Leistungen bringen, und das geht nur durch sehr viel Training. Vergessen Sie niemals: »Übung macht den Meister«. Als Trader sind Sie immer nur so gut wie Ihr letzter Trade. Die Herausforderung besteht darin, auf dem Teppich zu bleiben, wenn man viel gewinnt, und nicht zu ängstlich zu werden, wenn man viel verliert. Der nächste Trade ist immer ein neuer. Das Gute am Traden ist: Sie können nach Verlusten immer neu anfangen.

Die Macht des Papertrading – Unsicherheit und Angst besiegen

Besonders zu Beginn Ihrer Trading-Karriere sollten Sie viel Papertrading machen. Das heißt, dass Sie virtuell bei Ihrem Broker Ihre Orders absetzen. Sie können sozusagen Ihr Trading simulieren. Um erfolgreich traden zu können, müssen Sie eine Ausbildung absolvieren. Das bedeutet, Sie müssen die nötige Theorie lernen, indem Sie Bücher lesen, von Tradern lernen und virtuell papertraden. Piloten, die NASA und die Marines simulieren ihre Arbeit, bevor sie ihre Operationen umsetzen. Genau das sollten Sie im Trading auch machen! Nutzen Sie die Vorteile der heutigen Technik, um von zu Hause aus Ihr Trading zu trainieren. In diesem Zusammenhang ist es wichtig zu wissen, dass Papertrading nie dasselbe sein wird wie echtes Trading. Ihre Emotionen kommen erst dann wirklich auf, wenn Ihr Geld auf dem Spiel steht! Und genau das macht erfolgreiches Trading schwierig: die Emotionen aus dem Spiel zu halten. Wenn Sie mit Ihrem Echtgeld eine nicht zu tolerierende Verlustgrenze überschreiten, sollten Sie die Notbremse ziehen und nur noch papertraden. Womöglich werden Sie bald wieder erfolgreich im Simulator Ihre Trades absetzen, wenn Ihre Emotionen aus dem Spiel sind.

Trader sind keine Wahrsager

Als Trader sind Sie kein Wahrsager. Es ist Ihnen gleichgültig, wo der Weizenpreis oder die Apple-Aktie in zwei Jahren steht. Die meisten Trader beginnen ihre Karriere damit, dass sie einen Korb von Aktien kaufen und in einem Bullenmarkt gewinnen. Doch sobald die Trendwende kommt, verlieren sie alles wieder. Day-Trader erwirtschaften an 20 von 30 Tagen im Monat Geld. Sie verlieren dann Geld, wenn Sie naiv gegenüber der Börse sind. Wenn Sie glauben, Sie könnten ohne Aufwand an der Börse Geld verdienen und womöglich eine Schlaftablette nehmen, dann haben Sie sich getäuscht. Als Day-Trader sind Sie nicht den Schwankungen der Börse ausgesetzt, Sie haben es in der Hand, ob Sie heute Geld an der Börse verdienen. Investing und Positionstrading ist risikoreicher als Day-Trading, wenn man weiß, wie Day-Trading geht. Day-Trader haben in der Finanzkrise Unsummen an Geld verdient. Wir kennen Trading-Desks in den USA, deren Trader im jungen Alter mit 30.000 Euro am Tag aus dem Markt gingen. Keiner wusste, wo die Börse in ein paar Monaten stehen würde. Trader haben die aktuellen Marktbewegungen und Trends gehandelt und waren damit erfolgreich.

Performance-Angst

Viele Trader – besonders Day-Trader – haben häufig eine gewisse Angst davor, schlechter zu traden als der Gesamtmarkt (also zum Beispiel eine schlechtere Performance als der S&P 500 pro Monat zu erreichen). Konstante Performance ist wichtig, allerdings sollte die Angst, zu verlieren oder schlechter zu sein als andere, nicht Leitgedanke jeden Traders sein. Wir alle haben unsere guten und schlechten Phasen am Markt – sicherlich gibt es Wochen und gar Monate, wo wir nicht die Performance erreichen, die wir gewohnt sind. Das gehört zum Spiel. Wichtigste Kenngröße ist es, konstant profitabel zu handeln.

Ihr erstes Ziel sollte es sein, ein »Break-Even-Trader« zu werden. Erst wenn Sie es schaffen, konstant »flat« zu sein – also kein Geld zu verlieren, können Sie den nächsten Schritt wagen und Ihr Risiko erhöhen. Es gibt einen großen Unterschied zwischen Leuten, die einfach »herumtraden« und ab und zu mal was gewinnen, um es gleich wieder zu verlieren, und den Tradern, die es schaffen, im richtigen Augenblick auch die Positionsgröße zu erhöhen, um ein Set-up bestmöglich auszuschöpfen.

Trotzdem, am Ende des Trading-Tages sollten Sie sich nicht ausschließlich auf Ihre Gewinn-und-Verlust-Rechnung konzentrieren, sondern vielmehr darauf, wie genau Sie Ihre Trades durchgeführt haben. Wenn Sie Ihre Strategie(n) konsistent handeln können und in der Lage sind, Marktwechsel zu erkennen und sich daran anzupassen, dann wird Ihre Gewinn-und-Verlust-Rechnung sehr wahrscheinlich positiv für Sie ausfallen. Denken Sie immer daran: Wenn Sie konsistent traden, dann ist die Kontogröße nur ein Rechenexempel. Eine Null mehr oder weniger sagt in diesem Fall nichts über Ihre Trading-Qualität aus. Das ist auch der Grund, warum Sie während des Trading Ihre Gewinn-und-Verlust-Anzeige schließen und die Konzentration voll auf die Durchführung der Trades lenken sollten!

Wenn Sie trotz disziplinierter Umsetzung Ihrer Strategie Geld verlieren, dann müssen Sie Ihr System überprüfen. Ihre emotionale Verfassung spielt bei Ihnen als diskretionärer Trader eine große Rolle innerhalb des Systems. Wenn Sie Trades verpassen und aus Angst nicht eingehen, dann betrügen Sie sich selbst. Was, wenn der verpasste Trade der nächste große Gewinner geworden wäre? Denken Sie einmal darüber nach.

Es wird Zeiten geben, da macht es Ihnen der Markt leicht. Trading ist dann keine große Kunst, sondern ein einfaches Spiel mit Trends. Leider befindet sich der Markt die meiste Zeit außerhalb von Trends, und dann sind Ihre Fähigkeiten als Day-Trader gefragt, innerhalb dieser »trendlosen« Zeit Trends auf kleinen (Intraday-)Zeitebenen wie dem Tick- oder Minuten-Chart auszumachen und möglichst profitabel damit zu traden.

Als Swingrader kann man in Trendzeiten leicht Geld verdienen. Leider verlieren die meisten Leute einen Großteil ihrer Gewinne, sobald die Marktphase sich ändert.

Als Day-Trader stehen Sie täglich vor dieser Herausforderung. Intraday kommen und gehen Trends mehrfach. Sie müssen sich also kontinuierlich anpassen und werden selten mit langen Trends verwöhnt.

Professionelle Day-Trader behalten den objektiven Blick für den Markt und sind in der Lage, Marktänderungen schnell zu erfassen und sich entsprechend anzupassen.

Swing-Trader nutzen das Schlachtermesser, Day-Trader das Skalpell. Je feiner und pointierter Sie arbeiten, desto erfolgreicher werden Sie.

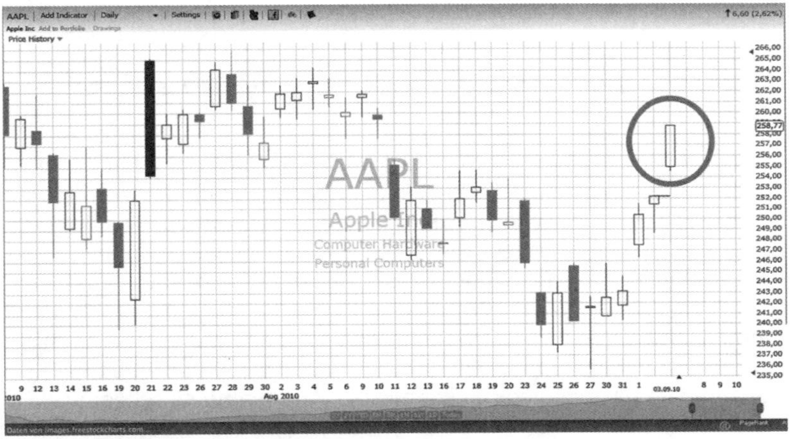

»Tageskerze – Dollar, AAPL«, Quelle www.freestockcharts.com«

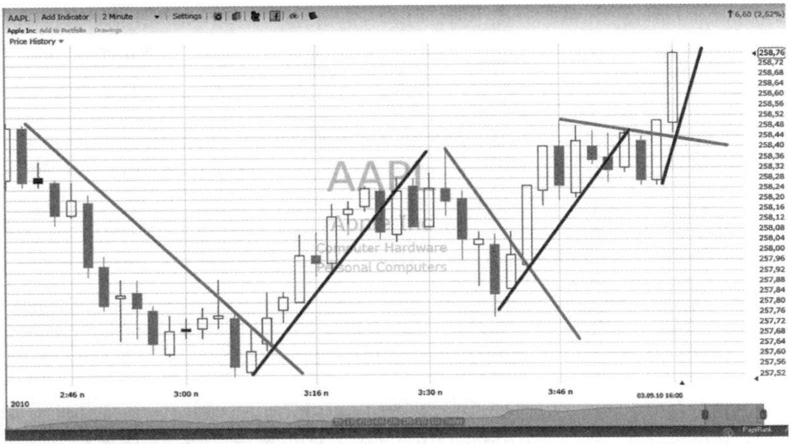

»Trends innerhalb der Tageskerze (2-Minunten-Chart) – Dollar, AAPL –, von denen der Day-Trader profitieren kann.«, Quelle: www.freestockcharts.com

Das Tradingtagebuch: In jedem Buch erwähnt, aber wofür brauche ich es wirklich?

Jeder gute Trader arbeitet konstant an sich. Als Trader werden Sie nicht dafür bezahlt, wie lange Sie arbeiten, sondern dafür, wie gut die von Ihnen getroffenen Entscheidungen sind. Und das ist oft ein Resultat Ihrer Erfahrung an den Märkten. Sie müssen eine Möglichkeit finden, konstant, das heißt mit jedem Trading-Tag, besser zu werden. Ein Tradingtagebuch eignet sich dafür hervorragend. Zeigen Sie mir ein gutes Trading-Journal, und ich zeige Ihnen einen erfolgreichen Trader. Um ein Tagebuch zu schreiben, eignet sich zum Beispiel ein Blog im Internet. Dort werden Einträge archiviert. So können Sie im Nachhinein sehen, was Sie vor längerer Zeit geschrieben haben, können Ihre Lernkurve beobachten und aus Ihren Fehlern lernen. Das wird Sie langfristig zu einem besseren Trader machen. Durch den Austausch auf Blogs im Internet können Sie auch interessante Trading-Partner kennen lernen und mit Gleichgesinnten in Kontakt treten. Wir beide hätten es nie so weit gebracht, wenn wir nicht zusammen getradet hätten.

Als Scalper können Sie nicht wie als Swing-Trader jeden Trade mit Entry und Exit dokumentieren und analysieren. Sie können sich aber am Ende des Tages Gedanken zu Ihrem Trading machen, diese niederschreiben und einen Blick auf die Trading-Historie bei Ihrem Broker werfen. Sie werden mit Sicherheit einige Verbesserungsmöglichkeiten finden.

Da Day-Trader nur selten in der Lage sind, jeden Trade der vielen Trades zu dokumentieren, haben wir uns etwas anderes einfallen lassen:

Wir speichern mithilfe einer Software unseren Bildschirminhalt des Trading-Tages. Wir drehen quasi einen Film von unserem Trading. Orderplattform, Tape und Charts filmen wir simultan ab und sind so in der Lage, gute und schlechte Trades im Nachhinein zu betrachten. Am Wochenende, in der Bahn oder in der Uni, wenn die Vorlesung langweilig ist. So durchleben Sie den Trading-Tag wieder und wieder und lernen schneller als aus Tabellen. Trotzdem benötigen Sie auch Tabellen. Die wichtigste Erkenntnis ist dabei, welche Trading-Set-ups für Sie am profitabelsten sind. Das können Sie statistisch auswerten, wenn Sie zu jedem Trade dazuschreiben, mit welcher Strategie Sie den Trade eingegangen sind. So wissen Sie, welche Trading-Strategien Sie lieber nicht traden sollten oder wo Sie mehr Arbeit in eine Verbesserung investieren müssen. Haben Sie einmal eine statistisch relevante Anzahl von Trades dokumentiert, steigt Ihre Lernkurve mit jeder Videoaufnahme, die Sie anschauen. So lernen Sie auch von Ihrem Trading, wenn die Märkte geschlossen haben. Gute Trader setzen sich die ganze Zeit mit dem Trading auseinander. Nach Marktschluss, vor Markteröffnung und am Wochenende. Wer hart arbeitet, wird belohnt!

simplified

Teil 4: Wiederholung, Tradingbeispiele und konkrete Umsetzung

Momentumtrading

Momentumtrading bedeutet, dass Sie dem Trend eines Wertpapiers folgen, der stärker als der des durchschnittlichen Marktes ist. In Momentumaktien sind die Käufer aggressiv, sie kaufen jede Korrektur oder lassen es nicht zu, dass der Bid um nur einen Cent fällt. Ihr Ziel ist es, dem Käufer oder Verkäufer zu folgen. Nutzen Sie hierfür das Tape! Momentumtrades bieten Ihnen die besten Chance-Risiko-Verhältnisse: Mit nur wenigen Cent Risiko können Sie von Kursbewegungen profitieren. Momentumtrades sind die Trades, die Ihre Erwartungen immer wieder übertreffen. Normalerweise tendieren Aktien dazu, zu ihrem langfristigen Mittelwert zurückzukehren (Mean-Reversion-Effekt), doch wenn Sie eine Momentumaktie traden, sollten Sie nicht davon ausgehen, dass dies der Fall ist. Die Aktie kann viel länger verrückt spielen, als Sie denken. Bleiben Sie in diesem Fall long, solange der Trend intakt ist. Momentumtrades sind schnell und explosiv. Schnelle Ausführungsfähigkeiten werden Ihnen bei diesen Titeln zugutekommen.

Momentumtrades weisen einige Charakteristika auf:

> Sie steigen viel schneller und stärker als gewöhnliche Aktien.
> Eine Seite im Orderbuch überwiegt konstant in der Stückzahl der Order.
> Die Aktie ist in den Medien, es gibt wichtige Nachrichten zum Unternehmen oder zu der Branche.
> Achten Sie darauf, die Aktie schnell zu verkaufen, wenn das Momentum nachlässt. Momentumaktien korrigieren kurz und heftig.
> Die Aktie befindet sich im Niemandsland bzw. auf neuen Hochs oder Allzeit-Tiefs.

Scalping im Öl-Future

Rangescalping im Öl-Future:
Beobachten Sie die runden Zahlen im Öl-Future, also zum Beispiel die 70-Dollar-Marke oder die 75-Dollar-Marke. Dann wechseln Sie auf einen sehr kurzfristigen Chart, wie zum Beispiel den 233-Tick-Chart, und können dort feststellen, dass der Kurs um diese Niveaus oft eine kleine Minirange ausbildet. Wir sehen die Range, nachdem der Kurs ein paar Mal an bestimmten Niveaus angehalten hat, und traden diese anschließend. Vielleicht bricht das Muster schon nach einer Stunde, doch bis dahin haben Sie Zeit, mehrere Male 10 bis 20 Ticks mitzunehmen. Erst wenn Sie selbstsicher wiederholt die gleichen Set-ups traden, dann sollten Sie Ihre Positionsgröße erhöhen. Irgendwann werden Sie so viele Set-ups, die Sie für sich profitabel umsetzen können, in ihrem Trading-Hirn gespeichert haben, dass Sie in jeder Marktphase gute Trades finden werden.

Scalping in Aktien

Scalping in Aktien lässt sich prima mithilfe des Orderbuchs durchführen. Anhand des Orderbuchs und der Times-&-Sales-Liste lässt sich realtime ablesen, wie Käufer und Verkäufer am Markt agieren. Und zwar noch bevor sich der Chart überhaupt verändert hat.

Man spricht von einem sogenannten »Leading Indicator« gegenüber einem »Lagging Indicator« wie dem Chart.

Wenn Sie gewinnen wollen, dann brauchen Sie einen Informationsvorteil – diesen liefert Ihnen das Orderbuch.

Schauen Sie, wie sich Ordergrößen im Orderbuch verhalten. Sind die Käufer oder die Verkäufer zum momentanen Kurs in der Überzahl? Welche Muster lassen sich erkennen? Welches ECN versucht, zu kaufen oder zu verkaufen, und wie reagiert der Kurs auf die großen, institutionellen Orders?

Jede dieser Informationen hilft Ihnen, Ihr Trade-Set-up mit maximaler Überzeugung auszuführen.

Nutzen Sie den Chart, um Schlüsselniveaus zu identifizieren (markante Chartmarken und Hochs oder Tiefs und Ähnliches), und das Orderbuch, um das Verhalten der Marktteilnehmer an diesen Schlüsselniveaus zu bestimmen. So erkennen Sie noch vor dem Chartprint, ob es einen Ausbruch geben wird oder das Kursniveau hält.

Day-Trader und im Speziellen Scalper müssen besonders schnell sein. Ihre Orderplattform muss per Tastatur bedienbar sein, und sie müssen in der Lage sein, Orders in Sekundenbruchteilen abzusenden. Wir trainieren täglich unsere Geschwindigkeit auf der Tastatur.

Die Handelsstrategien

»Align the Lines« - LinReg - 5/34 Cross-Strategie

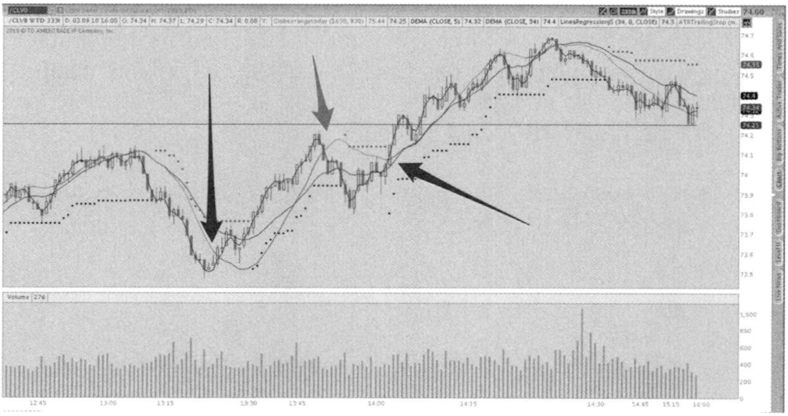

»Die LinReg - 5/34 Cross Strategie – Long- und Short-Signale«, Quelle: Thinkorswim

Diese Strategie wird auf dem Tick-Chart gehandelt.

Charteinstellung:

512 oder 233 Ticks

Indikatoren:

5er EMA, 24 EMA, Lineare Regression (34).

Signalgebung

Diese Strategie liefert die besten Signale innerhalb von Trends. Der Vorteil von kleinen Zeitebenen ist, dass sich regelmäßig mehrere Trends im Tagesverlauf ergeben.

Ziel ist es, einen neuen Trend in der Entstehung zu traden.

Gehandelt wird immer dann, wenn ein Trend zum Ende kommt. Die Abbildung zeigt, dass die lineare Regression (Linie, die abwechselnd rot und grün ist) vom aktuellen Kurs gebrochen wird und der Kurs oberhalb (long) oder unterhalb der linearen Regression tradet (short). Im Regelfall bekommen Sie täglich zwischen drei bis fünf Signale zum Beispiel im Öl-Future.

Long-Signale: Der Kurs bricht nach einem Abverkauf die lineare Regression zur Upside. Die lineare Regression »dreht« auf Grün und es gibt keine tieferen Tiefs.

Short-Signale: Der Kurs bricht nach einer Rallye die lineare Regression zur Downside. Die lineare Regression »dreht« auf Rot und es gibt keine höheren Hochs.

Die Moving Averages sind als zusätzliche Bestätigung eingebaut. Sobald diese sich kreuzen, ist das erste Gewinnziel erreicht und ein Trend kann mit halber Positionsgröße weitergehandelt werden.

Die lineare Regression ist deutlich schneller in der Signalgebung als Moving Averages.

Wir nutzen dieses System täglich im Öl-Scalping.

Diese Strategie hat einen hohen diskretionären Anteil. Der Trader muss erkennen, wann eine signifikante Rallye oder ein signifikanter Abverkauf stattgefunden hat, um diese Strategie zur Anwendung zu bringen.

»Don't short in the hole« - RSI Strategie

Diese Strategie wird primär auf dem Tick-Chart gehandelt, findet aber auch auf größeren Zeitebenen Anwendung.

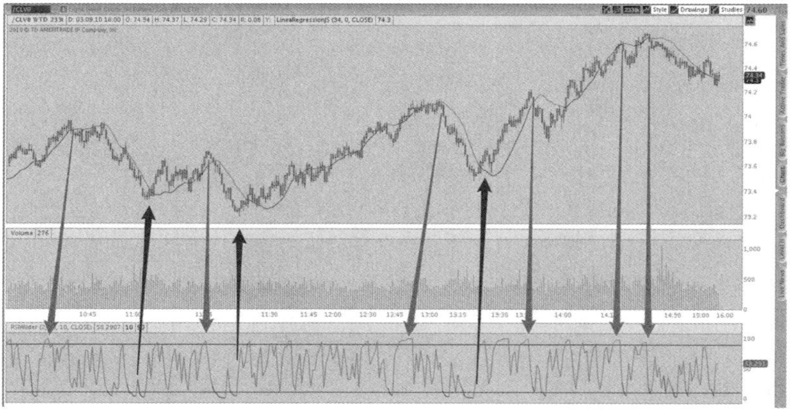

»Don't short in the hole Strategie« Quelle: Thinkorswim

Charteinstellung:

233 bis 512 Ticks, jede Zeitebene

Indikatoreinstellungen:

RSI: Periode: 2, Grenzen 90 (oben) 10 (unten)

Lineare Regression: 34

Signalgebung

Diese Strategie wird in Kombination mit der linearen Regression angewendet und ist eine Mean-Reversion-Strategie. Ziel dieser Strategie ist es, den Trader vor Long-Einstiegen am Top oder Short-Einstiegen am Boden zu bewahren. Viele Teilnehmer unseres Coachings machen häufig den Fehler, am Top zu kaufen oder am Boden zu verkaufen. Diese Strategie bewahrt den Trader vor diesem Fehler.

Nach Abverkäufen oder Rallyes ist der RSI mit unserer Einstellung kurzfristig deutlich überverkauft oder überkauft. Treffen Kauf- oder Verkaufssignal im RSI mit Kauf- oder Verkaufsignal der linearen Regression zusammen, ergeben sich Einstiege mit hoher Trefferwahrscheinlichkeit.

Diese Strategie hat ebenfalls wieder einen großen diskretionären Anteil. Der Trader muss starke Kursbewegungen erkennen und als signifikant einordnen (im Vergleich zum sonstigen Tagesverlauf). Die Signalgebung lässt sich einfacher gestalten, wenn Sie einen Alarm für den RSI eingeben. Wir lassen uns akustisch alarmieren, sobald der RSI Extremwerte erreicht. Erst dann schauen wir auf den Chart und warten auf ein Handelssignal.

»Up & Down« – Rangetrading am Tick-Chart (mit RSI)

Diese Strategie wird auf dem Tick-Chart gehandelt und ist eine Abwandlung der »Don't short in the hole«-Strategie.

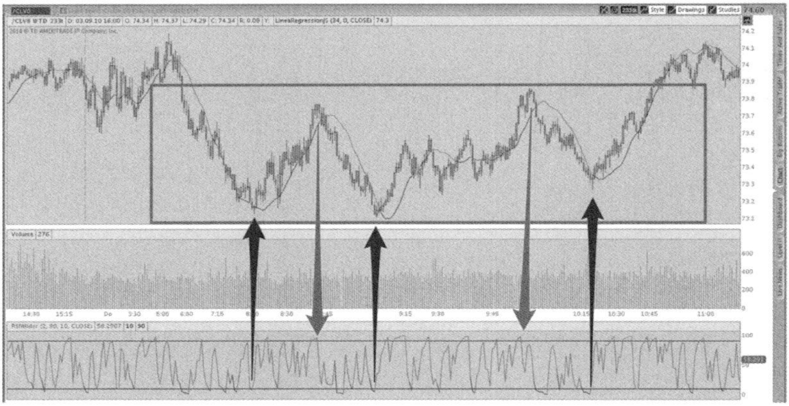

»Up & Down-Strategie«, Quelle: Thinkorswim

Charteinstellung:

233 bis 512 Tick-Charts

Indikatoren:

RSI, Trendlinien

Signalgebung:

Sobald sich eine Tradingrange ausbildet, können Sie die RSI-Extremwerte im Rahmen der Range traden. Diese Strategie lässt sich am besten im Rahmen der GLOBEX-Session handeln: also über Nacht, wenn das Öl-Pit und die wichtigen internationalen Märkte geschlossen haben bzw. sich in der elektronischen Session befinden.

Die lineare Regression wird auch hier wieder als Filter angewendet.

Long, wenn der RSI überverkauft ist und das untere Ende der Range erreicht wurde.

Short, wenn der RSI überkauft ist und das obere Ende der Range erreicht wurde.

Die lineare Regression bestätigt das Signal.

»Catch the Trend« - Higher Highs and Higher Lows, Lower Highs and Lower Lows

Diese Strategie findet auf allen Zeitebenen Anwendung. In der gängigen Börsenliteratur gibt es für diese Strategie unzählige Namen. Geläufig ist diese als »1-2-3«-System.

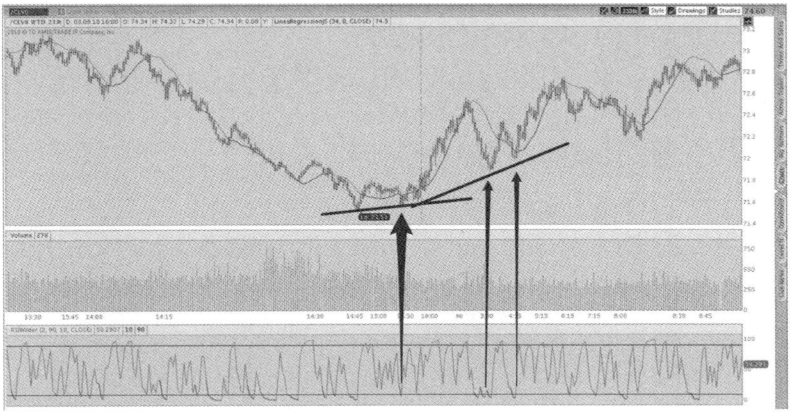

»Catch-the-Trend-Strategie« Quelle: Thinkorswim

Charteinstellung:

Alle Zeitebenen

Indikatoren:

Trendlinien, RSI (2:90:10), lineare Regression (34)

Signalgebung

Diese Trendfolgestrategie ist simpel, aber effektiv. Trades werden in die

Long-Richtung eingegangen, sobald das letzte Tief nicht mehr unterschritten wurde. Shorts werden eingegangen, sobald das letzte Hoch nicht mehr überschritten wurde und zuvor ein tieferes Tief abgebildet wurde.

Diese Strategie basiert auf der Dow-Theorie (Trenddefinition). Mithilfe der RSI und linearen Regression versuchen wir allerdings, die Signalgebung zu verfeinern. Das System wird »kontratrend« gehandelt. Es werden also keine Ausbrüche gekauft, sondern das höhere Tief (long) oder das tiefere Hoch (short).

Mit Überzeugung traden: das »Alle Sterne stehen günstig«-Prinzip

Als Trader ist es wichtig, mental flexibel zu sein.

Alle oben genannten Strategien lassen sich auch in Kombination anwenden. Gerade beim Handel auf kurzfristigen Zeitebenen wie dem Tick-Chart ist es möglich, dass Sie Ihre Strategien fließend ändern müssen. Dabei gilt es zu erkennen, wann sich das Chartbild ändert und welche Strategie wann die höchste Trefferwahrscheinlichkeit hat.

Voraussetzung ist, dass Sie als Trader die nötige »Screentime« mitbringen und den Tagesverlauf des zu handelnden Basiswertes kennen. Sie sollten wissen, wann das Volumen hoch ist und wann im Tagesverlauf die Wahrscheinlichkeit für Fehlsignale steigt (US-Mittagszeit, Globex-Session).

Üben Sie, auf die Kernpunkte der einzelnen Strategien zu achten, während Sie den Markt im Tagesverlauf analysieren. Das hilft Ihnen, die Mustererkennung zu internalisieren und schneller in der Ausführung zu werden, sobald sich ein Set-up manifestiert.

Erinnern Sie sich an den »Conviction Circle«? Gehen Sie erst den Trade ein, wenn Sie vom Set-up absolut überzeugt sind und alle objektiven Kriterien Ihnen einen Trade diktieren. Schlagen Sie dann, so schnell es geht, zu.

Beim Day-Trading (und besonders beim Scalping) spielt Geschwindigkeit eine wichtige Rolle. So kann Sie eine langsame Ausführung einige Ticks kosten (gerade im Öl-Future) und Ihr Chance-Risiko-Verhältnis verschlechtern. Üben Sie daher, schnell zu sein. Idealerweise traden Sie mit einer Plattform, die Ihnen die Ordereingabe mit Hotkeys über die Tastatur erlaubt. Die Bedienung der Handelsplattform mit der Maus ist für den Day-Trader ungeeignet.

Ihr Vorteil als Day-Trader leitet sich nur zum Teil aus Ihrer Handelsstrategie ab. Eine schnelle und sichere Orderausführung sowie eine zuverlässige und schnelle Datenlieferung sind ebenso wichtig. Machen Sie sich bewusst, dass nur ein Fehler in Ihrem Handelsplan für eine geringere Trefferwahrscheinlichkeit verantwortlich sein kann.

Üben Sie daher täglich die Orderausführung im Demomodus und gehen Sie vor und nach dem Trading Ihre Charts durch (führen Sie ein Trading-Journal mit Chartausdrucken), um die Set-ups auch nach Marktschluss immer wieder zu visualisieren.

Bereiten Sie sich schon am Vorabend des nächsten Handelstages auf die Markteröffnung vor, indem Sie die wichtigen charttechnischen Niveaus im Chart markieren und Alarme setzen. Nur wenn Sie gute Arbeit in allen Bereichen des Tradings leisten, können Sie mit maximaler Überzeugung traden – und gewinnen!

Intraday-Trading-Strategie im Öl-Future

Intraday-Trading im Öl-Future gehört definitiv zu der Königsdisziplin des Tradens. Der Öl-Future mit dem Kürzel /CL bewegt sich mitunter so schnell, dass ein ausgeklügeltes Handelssystem mit strikter Stop-Strategie beinahe Bedingung für den Ölhandel ist. Um erfolgreich im Ölmarkt zu handeln, braucht es eine Fülle an Trading-Fähigkeiten und vor allem emotionale Ausgeglichenheit. Nur so meistert man erfolgreich die starken Kursschwankungen, ohne psychologisch bedingte Trading-Fehler zu begehen. Hält man einen Kontrakt Öl, so bedeutet eine 1-Tick-Bewegung einen

Gewinn/Verlust von 10 Dollar. Wenn sich das Öl schnell bewegt, kommt es vor, dass es sich innnerhalb von Sekunden um 30 Ticks oder mehr bewegt und innerhalb eines Tages mehrere hundert Ticks (ein paar Dollar) bewegt. Mit einem Kontrakt wäre eine 1-Dollar-Bewegung von zum Beispiel 73 Dollar auf 74 Dollar ein Kursgewinn/-verlust von 1000 Dollar.

Gerade zu Zeiten von frischen Nachrichten ist Öl beinahe ein Seismograph für die Gesamtmarktentwicklung. Öl bewegt sich mitunter so schnell, dass es im Rahmen eines normalen Trading-Tages 100 bis 500 Ticks in wenigen Sekunden verliert oder gewinnt.

Die Strategie

Das Spiel mit den Indikatoren ist immer dasselbe: Es kann nur zwei Arten von Indikatoren geben: Trendfolgende und Oszillatoren (Indikatoren, die Extremsituationen wie überkaufte Zonen oder überverkaufte Zonen anzeigen). Grundsätzlich eignet sich als trendfolgender Indikator die Kombination mehrerer gleitender Durchschnitte, um die Kurse zu glätten. Als Indikator, der Ihnen Extremsituationen aufzeigt, eignet sich der RSI.

Trendfolge

Als Erstes haben wir Ihnen einen 5-Minuten-Chart des Öl-Future (/cl) mitgebracht. Sie sehen einen 5er und 34er exponentiell geglätteten Durchschnitt des Kurses sowie eine lineare Regression. Entry- und Exitsignale ergeben sich immer dann, wenn der 5er den 34er gleitenden Durchschnitt schneidet. Diese Punkte im Chart eignen sich als grobe Richtlinie für Short- oder Long-Positionen und sollten niemals als einziges Timingsystem verwendet werden. Weiterhin sehen Sie in diesem Chart den RSI mit einer Einstellung von 2 : 90 : 10. Der RSI hilft Ihnen zu erkennen, ob es bereits zu spät ist, einzusteigen, oder ob sich ein Reversal nähert. Entrys und Exits sollten immer durch eine kluge Kombination aus den verschiedenen zur Verfügung stehenden Analysen des Öl-Futures gewählt werden. Zur Veranschaulichung haben wir ein relevantes Signal mit einem weißen Kreis markiert:

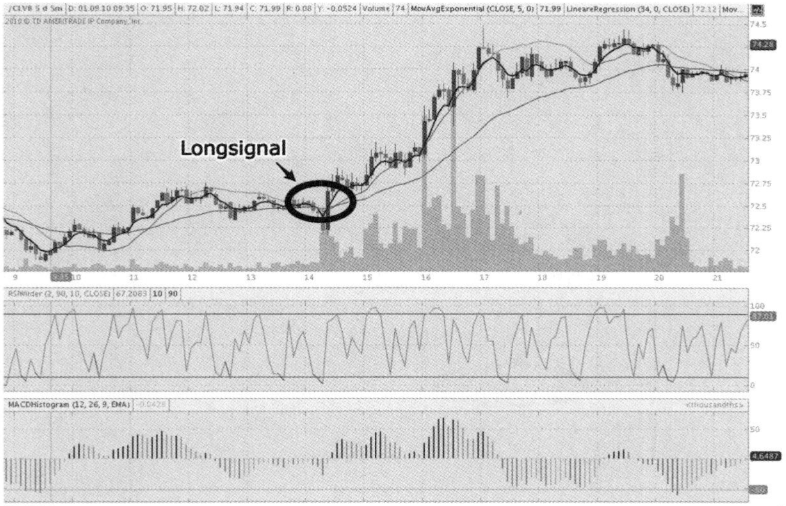

»Öl-Future am 5-Minuten-Chart mit Moving Averages und linearer Regression«, Quelle: Thinkorswim

Umkehrpunkte finden und traden: Der RSI (Relative Strength Indicator)

Als Indikator zur Bestimmung, wie extrem und relativ stark der Kurs in der betrachteten Zeitebene angestiegen oder abgefallen ist, eignet sich der RSI-Indikator. Werte über 70 und unter 30 zeigen extreme Situationen an. Genau an diesen Punkten sind Umkehrpunkte im Markt wahrscheinlich.

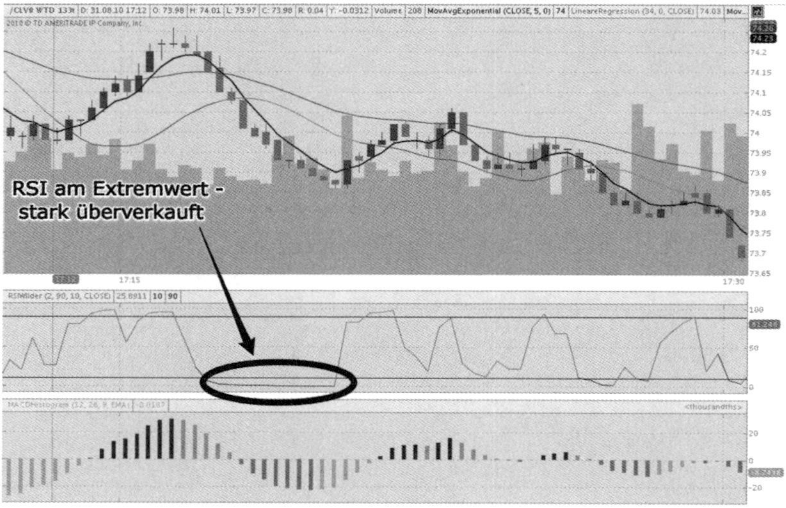

»Öl Future am 133-Tick-Chart mit RSI am Extremwert«, Quelle: Thinkorswim

Pyramiden auf verschiedenen Zeitebenen

Im Prinzip agieren Sie als Scalper/Intraday-Trader nicht viel anders als ein Swing-Trader. Der wesentliche Unterschied liegt in der Geschwindigkeit, mit der das Trading vonstattengeht. Arbeiten Sie sich mit Ihren Analysen immer von der übergeordneten Zeitebene herab, bis Sie schließlich am Tick-Chart ankommen. Notieren Sie sich Schlüsselniveaus in den übergeordneten Zeitebenen. Wenn Sie mehrere Zeitebenen gleichzeitig im Blick haben, können Sie Signale auf höheren Zeitebenen schon verfrüht antizipieren. Es kann zum Beispiel sein, dass Sie einen Doji am Stundenchart sehen und am 5-Minuten-Chart bilden sich erste Divergenzen. Wenn Sie nun den Tick-Chart öffnen und hier schon vollständige Kauf-/Verkaufssignale erhalten haben, dann können Sie früher in Trades hineinkommen. Läuft der Trade am Tick-Chart an, können Sie Ihre Position aufstocken, sobald sich das Signal auf der übergeordneten Zeitebene durchsetzt. Wir raten Ihnen, erst dann auf mehreren Zeitebenen gleichzeitig zu traden, wenn Sie schon profitabel und selbstsicher auf einer Zeitebene handeln. Wenn Sie mehrere Positionen gleichzeitig traden, dann können Sie die Korrelationen der Positionen intraday sehr verwirren. Nehmen wir an, Sie traden zwei Kontrakte gleichzeitig intraday: einen am 5-Minuten-Chart und einen am 233-Tick-Chart. Ihre Analysen lassen auf fallende Kurse schließen, und Sie haben an einem Schlüsselniveau eine Short-Position eröffnet. Ihr Trade läuft sofort in den Gewinn und Sie sehen zu, wie der Gewinn und Verlust zu schwanken beginnt. Innerhalb von wenigen Minuten sind Sie 300 Dollar im Gewinn und dann sind Sie plötzlich wieder weg. Ihr Set-up ist jedoch noch intakt. Sie halten an Ihrem Trading-Plan fest und belassen Ihren Initialstop. Nachdem die Position in den Gewinn gelaufen ist und noch einmal etwas zurückkommt, fangen Sie an, den zweiten Kontrakt zu scalpen. Sie eröffnen eine weitere Short-Position in der Korrektur eines neu entstehenden Abwärtstrends. Diese Position wird ab nun auf dem 233-Tick-Chart gemanagt. Der Trade läuft ebenfalls sofort für Sie, und nachdem der Trade mehrere Ticks im Gewinn ist, ziehen Sie Ihren Stop auf Entry und verknüpfen Ihre Stop-Order mit einer Limit-Order, die am unteren Ende des Trendkanals platziert wird. Der Trade am Tick-Chart wird schon ein paar Minuten später per Limit-Order mit 150 Dollar Gewinn geschlossen. Ihre erste Position läuft noch immer, denn der übergeordnete Trend am 5-Minuten-Chart ist noch intakt. Sie bekommen mehrere Stunden lang kein Verkaufssignal für diesen Trade. Erst im Laufe des Handelstages wird dieser Trade durch einen Trailingstop mit größeren Gewinnen geschlossen.

Weitere Tipps zum Öltrading

1. Verwenden Sie immer einen Hardstop, da es im Öl sehr starke und unberechenbar schnelle Abverkäufe und Anstiege geben kann!
2. Meiden Sie Nachrichtentermine (hohe Slippage, wenn der Stop gezogen wird). Warten Sie, bis die »Spikes« vorbei sind und sich eine Richtung bzw. ein erkennbares Muster entwickelt hat. Erst dann sollten Sie Geld zum Spekulieren auf den Tisch legen.
3. Traden Sie defensiv: Verhindern Sie mithilfe von Stops, dass ein großer schwerer Verlusttrade Sie aus dem Spiel wirft. Wenn Sie sich unsicher sind, ist es besser, Sie schließen Ihre Position. Denken Sie daran, dass Sie immer wieder in eine Position zurückkehren können und vor allem beim Intraday-Trading häufig neue Chancen kommen. Es macht überhaupt nichts, einen guten Trade zu verpassen, denn an einem einzigen Handelstag werden Sie wahrscheinlich mehrere Chancen für profitable Trades finden.

4. Die Volatilität im Öl ist sehr hoch. Sie müssen Ihre Stops dementsprechend anpassen. Wenn Sie am 5-Minuten-Chart traden und Sie die Volatilität des Marktes berücksichtigen, dann müssen Sie rund 15 bis 20 Ticks Stop einberechnen (mit einem Kontrakt sind in diesem Fall also bis zu 200 Dollar Buchverluste völlig in Ordnung). Bei zehn Fehltrades haben Sie 1500 bis 2000 Dollar Buchverluste zu erwarten. Es kann durchaus vorkommen, dass Sie fünf Fehltrades in Folge haben. Wenn Sie mitgerechnet haben, dann haben Sie in diesem Fall bis zu 2000 Dollar Buchverluste zu realisieren. Können Sie damit umgehen? Wollen Sie Stops genauer abstimmen, eignet sich hierfür ein ATR-Stop (ATR = Average True Range).
5. Gehen Sie nur einen Trade ein, wenn Sie vor jedem Einstieg Ihre Ausstiegsstrategie definiert haben. Damit können Sie von vornherein die Emotionalität im Trading verringern, denn der maximale Verlust ist so schon vordefiniert und berechenbar.
6. Traden Sie mit dem Orderbuch oder direkt aus dem Chart. Auf diese Weise können Sie Limit-Orders direkt in den Markt legen, um nur bei gewünschten Niveaus in den Markt zu kommen, und können schneller reagieren. Versuchen Sie Market-Orders zu meiden, da Sie ansonsten schlechte Kursausführungen bekommen. Wenn möglich, nutzen Sie Shortcuts auf Ihrer Tastatur, um Kauf- oder Verkaufsorders zu platzieren.
7. Traden Sie Öl nicht kurzfristig mit CFDs. Ihre Ausführung wird vermutlich zu langsam sein. Auch Ihre Kosten für die Trades sind zu hoch, wenn Sie mehrere dutzend Trades pro Tag machen. (Spreadkosten, Provisionen). Mit den meisten CFDs benötigen Sie eine 5- bis 10-Tick-Bewegung, um erst einmal break-even zu sein. Handeln Sie Futures direkt, dann haben Sie ebenfalls einen hohen Hebel, können schon ab 3500 Euro ein Konto eröffnen, das CFDs bei weitem überlegen ist, und arbeiten mit professionellen Tools! Während Sie mit einem CFD gerade erst break-even sind (der Spread ist bei vielen Anbietern in etwa gleich), haben wir mit dem Future bereits 50 Dollar verdient. Addieren Sie das einmal auf viele Trades ...!
8. Versuchen Sie niemals, eine festgefahrene Meinung im Bezug auf die zu erwartenden Trends im Öl zu entwickeln. Der Einzige, der recht hat, ist immer der Markt.

Ein beispielhafter Handelsplan für Day-Trader – simplified

Als Day-Trader müssen Sie Zeit haben, um den Markt eng zu beobachten und möglichst viel Rätselraten aus Ihrem Trading zu verbannen. Je mehr Sie raten, desto unsicherer ist der Trade. Das korreliert direkt mit der Größe der Zeitebene, auf der Sie handeln. Je kleiner die Zeitebene und je größer die Tradeanzahl (im Rahmen der Handelsstrategie) ist, desto geringer ist das Risiko.

Die tägliche Analyse des Marktes ist Voraussetzung für einen erfolgreichen Handelstag. Zur Marktübersicht gehören unter anderem:

- Marktüberblick Futures und Watchlist ansehen
- Technische Analyse der ausgewählten Basiswerte (Futures/ETFs/Aktien)
- Schlüsselniveaus einzeichnen, Handelsplan erstellen und Alarme mit entsprechenden Anweisungen setzen
- abwarten und die Trades auf sich »zukommen« lassen.

Merke:
Irgendwann kommt der Trend: Mühsam ernährt sich das Eichhörnchen! Geduld ist die wichtigste Tradertugend, niemals Geld verlieren ist Regel Nummer 1. Regel Nummer 2 lautet: Immer Regel Nummer 1 befolgen! Keine Kompromisse eingehen, sondern das »Pulver für die besten Setups trocken halten«.

Marktüberblick in den Futures:

http://finviz.com/futures.ashx

»Überblick über die wichtigsten Futures«, Quelle: Finviz.com

Was ist wichtig?

Wie sind die Futures-Indikationen vor der Eröffnung in den USA? Was haben die asiatischen und europäischen Märkte gemacht?

Wird es eher raufgehen (grün) oder runtergehen (rot)?

Wie gehe ich dann vor?

Technische Analyse zum Beispiel des S&P 500 oder des NASDAQ 100 im Haupthandelszeitfenster:

Day-Trader: Wochenchart, Tageschart, 30-Minuten-Chart (Entry: < 10-Minuten-Chart)

Beispiel S&P 500 ETF (Symbol SPY in www.freestockcharts.com)

» Dollar SPY – S&P 500 Tageschart«, Quelle: www.freestockcharts.com

Kommentar:

Tradingrange, Target auf der Long-Seite bei 113 (Resistance)

Wie weit geht's noch rauf?

Nächstes Schüsselniveau bei ca. 113,26

Trendrichtung Tageschart: neutral bis bullish!

Frage aller Fragen:

Wollen wir nun Shorts oder Longs handeln?

Antwort:

Nach vier Updays in Folge rechnen wir mit einem Reversal (mittelfristig bei ca. 113). Der Uptrend ist allerdings noch intakt und daher warten wir auf Bestätigung bei 113. Bis dahin kommen für uns nur Longs in Frage.

Was wollen Sie handeln?

Sie können nun entweder den Index direkt kaufen (Future) oder einen entsprechenden ETF (z.B: SPY für den S&P 500).

Zusätzlich können Sie einen *überverkauften* Wert aus dem Index selbst handeln.

Wie finden Sie diese Werte?

Durch Screening!

http://finviz.com/screener.ashx

Wir wollen einen »großen Wert« im S&P finden, der »überverkauft« ist. Ein Indikator dafür ist der RSI.

Weitere Infos:
http://www.investopedia.com/terms/r/rsi.asp
http://www.investopedia.com/articles/technical/071601.asp

Analog gilt die Vorgehensweise in Long-Umfeldern – dort suchen wir deutlich überkaufte Werte als potentielle Shorts.

Überkaufte Werte und somit potentielle Shorts bei Erreichen der 113-Widerstandszone im Markt:

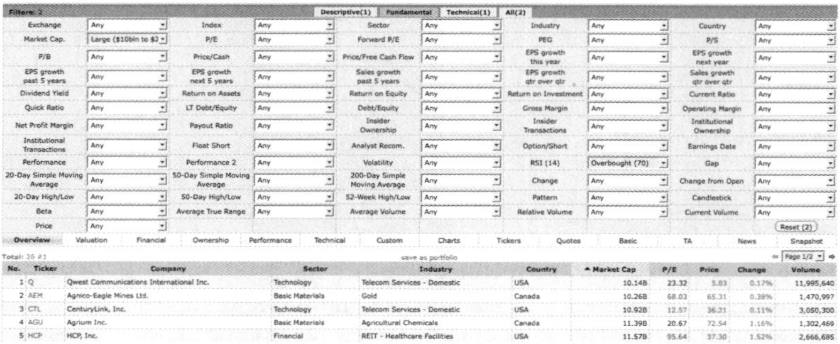

»Überverkaufte Werte in finviz.com finden« Quelle: Finviz.com

Dahinter steckt die Annahme, dass wir von einer »Mean-Reversion« ausgehen können, einer »Rückkehr zum Mittelwert« bei extremen Kursausschlägen.

Weitere Infos:
http://www.investopedia.com/terms/m/meanreversion.asp
http://www.investopedia.com/articles/07/mean_reversion_martingale.asp

WICHTIG:
Bei jedem Trade marktbewegende Nachrichten vor dem Entry einkalkulieren!

Infos dazu unter:
http://www.bloomberg.com/markets/economic-calendar/
http://www.markt-daten.de
http://www.forexfactory.com/calendar.php

Vor dem Entry müssen Sie immer die Nachrichten und die entsprechende Marktreaktion abwarten. Erst wenn der Markt »seinen Weg« gefunden hat, suchen wir nach Entrys.

Achtung: Gegebenenfalls »zerstören« schlechte Daten das charttechnische Bild und Longs kommen nicht weiter in Frage.

Fazit:
Sie müssen flexibel bleiben und schnell die Meinung ändern können! Aus Shorts werden schnell Longs und umgekehrt!

Die wichtigste Aufgabe des diskretionären Traders ist es, Chartmuster identifizieren zu können. Lernen Sie, das einfachste Chartmuster bereits in der Entstehung zu erkennen:

Uptrend: Höhere Hochs und höhere Tiefs

Downtrend: Tiefere Hochs und tiefere Tiefs

Entry wenn möglich IMMER in Trendrichtung auf einem Retracement/Pullback (möglichst dem tieferen Hoch [Short] oder dem höheren Tief [Long])

Ein typischer Handelstag: Von der Vorbereitung bis zur Umsetzung

Sie haben nun eine Fülle an Wissen über das kurzfristige Trading erhalten! Im Folgenden wird erläutert, wie ein typischer Handelstag und die Vorbereitung darauf ablaufen kann. Sie wissen nun, wann und wie sich Futures oder Aktien im Tagesverlauf höchstwahrscheinlich bewegen, auf welche Informationen des Marktes Sie achten müssen. Außerdem ist Ihnen nun hoffentlich bewusst, was die Schlüsselelemente guten Tradings sind.

Wie können Sie nun Ihr Wissen nutzen, um konsistent Gewinne zu erwirtschaften? Der größte Teil Ihres Trading-Erfolgs hängt von Ihren Emotionen ab. Emotionen sind Ihr größter Feind beim Trading, und Sie haben mithilfe des Kapitels über Trading-Psychologie einige Strategien kennen gelernt, um emotionales Trading-Verhalten zu identifizieren und sogar auszuschalten. Den größten Teil impulsiven Handelns können Sie dadurch vermeiden, dass Sie Ihren Trading-Plan schon vor dem eigentlichen Trade bereitgelegt haben.

Für uns beginnt das Trading mit der Handelsvorbereitung außerhalb der Marktzeiten. Wichtig ist, dass Sie Ihre Analysen außerhalb der Handelszeit durchführen, um einen möglichst klaren Blick für das Kursgeschehen zu entwickeln.

So gehen wir vor

Die Suche nach möglichen Trading-Set-ups beginnt für uns am Vorabend des nächsten Handelstages. Also entweder sonntagabends oder nach Marktschluss in der Woche.

In dieser Zeit analysieren wir den »Gesamtmarkt« – also einen repräsentativen Index wie den S&P 500 und wichtige Korrelate wie Rohstoffe, Währungen und Rentenpapiere (Futures: ES, CL, GC, ZB, 6E).

Diese Titel analysieren wir im »Triple-Screen-Verfahren«, also auf mehreren Zeitebenen: Monatschart, Tageschart und ein Intradaychart, wie zum Beispiel der 10-Minuten-Chart.

So versuchen wir, einen Eindruck davon zu gewinnen, wie sich der entsprechende Basiswert langfristig orientiert und welche Kursbewegung im letzten Handelstag stattgefunden hat.

Charttechnisch wichtige Marken notieren wir auf einem Zettel, der am Ende der Marktvorbereitung alle wichtigen Schlüsselmarken der Analyse für den Folgetag enthält.

Durch dieses Vorgehen ist sichergestellt, dass Sie sich täglich mit den Märkten auseinandersetzen und so das »Gefühl« für den Markt nicht verlieren. Sie werden feststellen, dass, sobald Sie im Urlaub waren, einige Zeit vergeht, bevor Sie sich wieder in den Markt »hineingefühlt« haben. Nutzen Sie also täglich 30 Minuten nach Marktschluss, um Schlüsselniveaus für die wichtigsten Futures zu bestimmen.

Symbol	Last	Net Ch...	High	Low
SPY	110.89	+1.42	110.99	109.95
/ES[U0]	1103...	+14.00	1104...	1086...
/NQ[U0]	1867...	+29.75	1871...	1834...
/TF[U0]	643.0	0	0	0
QQQQ	46.01	+.75	46.02	45.55
/CLV0	74.60	-.42	75.44	73.20
/GC[Z0]	1251.1	-2.30	1255.6	1239.2
/DX[Z0]	82.340	-.094	0	0
/6E[Z0]	1.2874	+.0064	1.2893	1.2807
/ZB[Z0]	131'15	-1'02	132'29	130'12

»Übersicht über Futures in der Handelsplattform«, Quelle: Thinkorswim

Sollten Sie neben Futures noch Aktien handeln, empfiehlt es sich, eine Watchlist für die verschiedenen Titel anzulegen. Diese Titel können Sie dann täglich neu analysieren und Chart-Set-ups auf ihre Gültigkeit überprüfen.

»Übersicht über die wichtigsten Futures« Quelle: Finviz.com

In Ihrer Analyse geht es darum, festzustellen, ob Sie Futures oder Aktien am nächsten Handelstag eher auf der Short- oder der Long-Seite handeln möchten. Es geht vor allem darum, Titel zu finden, in denen sich Trading-Chancen ergeben könnten. Aus Erfahrung können wir Ihnen sagen: Im kurzfristigen Handel bietet sich jeden Tag eine Vielzahl von Handelsmöglichkeiten! Im Gegensatz zum Trading auf größeren Zeitebenen wie dem Tageschart haben Sie jeden Tag die Gelegenheit, von Trends zu profitieren. Auch hier gilt: Je größer die Zeitebene, desto weniger Signale und Chancen sind demnach zu erwarten. Als IntraDay-Trader sind Sie daher klar im Vorteil – auch aufgrund der Möglichkeit, schneller auf Nachrichten reagieren zu können.

»Aktien-Scanner«, Quelle: Finviz.com

Sollten wir Aktien traden, suchen wir generell Titel, die mindestens mit einem Tagesvolumen von 500.000 bis 7 Millionen Stück gehandelt werden. Ist das Volumen zu gering, steigt die Wahrscheinlichkeit unkontrollierbarer Bewegungen. Das macht das Trading unnötig schwerer. Zusätzlich bevorzugen wir Aktien mit signifikanten Nachrichten oder wichtigen technischen Niveaus. Finviz.com lässt sich nach solchen »technischen Aktien« durchsuchen, indem Sie nach neuen 52-Wochen-Hochs oder -Tiefs scannen. Yahoo Finance bietet Ihnen auf einen Blick alle wichtigen Nachrichten mit einem Auszug aus »briefing.com« an.

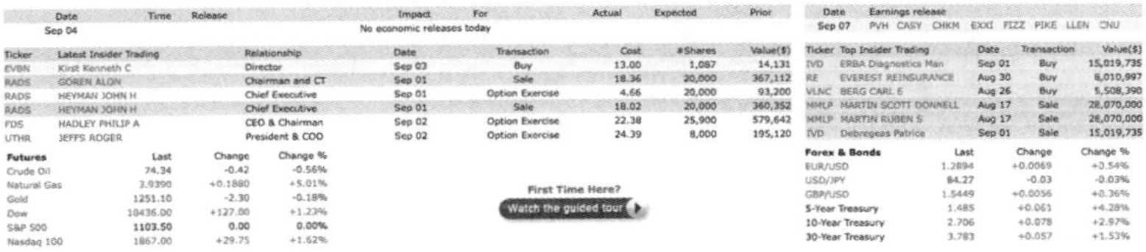

»Wichtige Econ-News und zu erwartende News«, Quelle: Finviz.com

Im Futures-Handel ist die Liquidität im aktuellen nächsten Monatskontrakt und während der Handelszeit groß genug. Hier treten eher keine Probleme (erratische Kursbewegung oder Ähnliches) aufgrund geringer Liquidität auf.

Da wir unseren Handel aus praktischen Gründen (mehr Zeit am Vormittag) auf die US-Märkte beschränken, sieht ein typischer Trading-Tag wie folgt aus:

8 Uhr:
Aufstehen

9–10 Uhr:
Sport

10–11.30 Uhr:
Administratives

11.30–12.00 Uhr:
Analyse der zu erwartenden Marktdaten (unter anderem Uhrzeit von Zinsentscheiden, Ratings, Umfrageergebnissen)
Analyse der nächtlichen Kursbewegung in den Futures:
ES, CL, GC, ZB, asiatische Futures
Dabei achten wir vor allem auf die »Overnight-Range« und potentielle Gaps.

12–14.25 Uhr
Beim Traden der Futures sollten Signale entstehen (häufig Rangetrading der Overnight-Range).

14.25 Uhr flat
Keine Position vor potentiell marktbewegenden Nachrichten um 14.30 Uhr.

14.45–15.25 Uhr
Nach der Reaktion der Futures auf Nachrichten um 14.30 Uhr traden wir in Richtung der gegebenenfalls neuen Kursbewegung.

15.25 Uhr
Flat: um 15:30 Uhr eröffnet der US Markt. Hier halten wir keine Position (intraday), sondern warten ab, bis der Markt sich für eine Richtung »entschieden« hat. Dies geschieht normalerweise innerhalb von ca. 30 Minuten.

16.00–18 Uhr
Traden des Tagestrends bzw. der Intradaysignale in Richtung des übergeordneten Trends im Tageschart.

18.00 Uhr
Flat: Keine Position in die Mittagszeit in den USA. Hier sinkt das Volumen und die Zuverlässigkeit der Signale. Wir haben die Regel aufgestellt, dass wir Positionen, die nicht mindestens 30 Ticks im Gewinn sind, schließen.

19–20.25 Uhr (bzw. 22 Uhr)
Wir nehmen das Trading ab 19 Uhr wieder langsam auf und traden dann in den Schluss des Öl-Future um 20.30 Uhr. Wenn wir den S&P 500 E-Mini Futures (ES) traden, dann handeln wir den Tag bis 22 Uhr.

22–22.30 Uhr
Nachbereitung. Dokumentation der Trades und Vorbereitung auf den nächsten Trading-Tag.

Wie Sie sehen, ist Intraday-Trading ein Fulltime-Job. Sicherlich gibt es einige Trader, die nur bestimmte Instrumente zu bestimmten Zeiten traden – will man jedoch möglichst einen umfassenden Blick auf die Weltmärkte erlangen, führt kein Weg daran vorbei, dem »Börsengeschehen« einen Großteil seiner Zeit zu widmen. Der Vorteil ist, dass man gegebenenfalls schon nach einigen Jahren finanziell unabhängig geworden ist oder angestellte Trader den größten Teil der Marktbeobachtung übernehmen können.

Bis dahin führt allerdings kein Weg an der Zeit vorbei, die Sie investieren müssen: entweder für das Entwickeln von Handelssystemen oder das diskretionäre Trading. Trading nur mit Bauchgefühl wird aus Erfahrung nicht lange gutgehen. Die Märkte ändern sich stetig und Sie kämpfen gegen mächtige Gegner.

Im Übrigen: Sollten Sie zwischendurch Hunger bekommen, empfehlen sich Haselnüsse als wahnsinnig gute Heißhunger-Unterdrücker. Wer lange vor dem Bildschirm sitzt, sollte sich über ausgewogene Ernährung Gedanken machen. Zwischendurch in die Chipstüte zu greifen, macht auf Dauer zu enge Hosen. Außerdem ist es sehr zu empfehlen, das Handy während der Haupthandelszeiten auszustellen und die Aufmerksamkeit vollständig auf das Trading zu lenken. Im Futures-Trading verpassen Sie schnell eine Bewegung, die gegebenenfalls das einzige Signal des Tages gewesen sein könnte. Spätestens bei der zweiten negativen Erfahrung werden Sie Ihr Telefon freiwillig ausschalten!

Beim Trading spielt die tägliche Routine eine entscheidende Rolle. Versuchen Sie, Ihren Tagesablauf in immer gleichen Mustern zu wiederholen. So werden Sie irgendwann nicht mehr daran denken müssen, zu erwartende, wichtige Nachrichten zu prüfen oder Ihre Trades einzutragen. Je öfter Sie Ihre Routine wiederholen, desto schneller werden Sie alle Abläufe internalisieren. Anthony Robbins, einer der bekanntesten Motivationscoachs in den USA, sagt immer »Repetition is the mother of skill« – das trifft auf viele Lebensbereiche zu und besonders auf das Trading

.

Wie kann ich Day-Trader/Scalper werden?

Nun haben Sie einen guten Eindruck von der täglichen Arbeit eines Day-Traders gewinnen können.

Die größte Herausforderung für einen Day-Trader ist der Faktor Zeit. Ernsthafte Day-Trader sind in der Lage, täglich bis zu zehn oder mehr Stunden für das Trading aufzubringen. An dieser Stelle scheitern bereits die meisten Trader, die bisher »nur« Swing- und Positions-Trading-Strategien angewendet haben.

Größere technische Herausforderungen gibt es nicht. Ein Computer mit zwei bis drei Bildschirmen ist völlig ausreichend. Sie sollten eine solide Handelsplattform haben und einen Broker, der Ihnen möglichst keine Mindestgebühr für Ihre Trades berechnet. Ihre Orderkosten sind der Schlüssel zum Erfolg, denn als Day-Trader führen Sie täglich viele Trades durch (bis zu einigen 100, wenn Sie scalpen).

Als Day-Trader benötigen Sie einen soliden Handelsplan. Die meisten Trader verwechseln den Handelsplan mit einer Handelsstrategie und meinen, alles, was sie benötigen, sei ein System, das am Ende des Tages ein positives Ergebnis liefert. Diesem Mythos fallen viele Hobbytrader zum Opfer, denn eine Handelsstrategie ist nur ein Teil Ihres Handelsplans:

Eine Handelsstrategie gibt Ihnen vor, wann und wie Positionen zu eröffnen oder zu schließen sind. Ein Handelsplan ist komplexer als die Strategie selbst.

Der Handelsplan beinhaltet unter anderem:

- eine tägliche Routine (Marktvorbereitung)
- die Märkte, die Sie traden wollen
- die Zeitebenen, die Sie traden wollen
- anzuwendende Trading-Strategien
- Ein- und Ausstiegsregeln
- Vorgaben für Trading-Zeiten (und wann nicht zu traden ist)
- Risiko- und Moneymanagement
- Vor- und Nachbereitung

Jeder ernsthafte Trader hat mehrere Handelsstrategien im Arsenal. Das ist wichtig, weil Sie als Trader mental flexibel bleiben müssen, um für jede Marktänderung eine Strategie parat zu haben. Eine Entscheidung, welche Strategie Anwendung findet, kann innerhalb von Sekunden erforderlich sein. Sie können nicht eine Strategie für alle Marktphasen handeln – das ist auch der Grund, warum automatische Trading-Systeme so oft scheitern. Im Grunde benötigen Sie daher eine Strategie für Trendmärkte, eine Strategie für Seitwärtsmärkte und eine Strategie für die Markteröffnung.

Sie sollten wissen, wie sie die Technische Analyse mit der Interpretation des Orderflows kombinieren können, um zu erkennen, ob Schlüsselniveaus tatsächlich auch von den Marktteilnehmern unterstützt werden. Zudem ist für Sie als Day-Trader von großer Bedeutung, nur die Titel zu handeln, die das Potential haben, sich am Handelstag besonders zu bewegen. Nutzen Sie einen Aktienscanner und Nachrichtendienst wie Yahoo Finance, Briefing.com oder thestreet.com, um Aktien zu filtern, die von frischen Nachrichten, wie zum Beispiel Gewinnmeldungen, Gerüchten,

Up- und Downgrades usw. betroffen sind. Diese Aktien haben oft eine hohe Tagesvolatilität, die viele Ein- und Ausstiegspunkte verspricht.

Vielleicht gefällt Ihnen die Idee des Day-Tradens oder Scalpens, doch Sie wollen nicht den ganzen Tag dafür aufwenden oder haben nicht genügend Kapital, um zu traden, und gleichzeitig nicht genügend Kapital, um ohne Trading-Gewinne für den Anfang leben zu können. Nicht jeder ist für Day-Trading geeignet und hat die erforderlichen Fähigkeiten und die Motivation, erfolgreich zu werden. Es gibt viele Möglichkeiten, in das Trading professionell einzusteigen. Sie können sich beispielsweise bei einer professionellen Trading-Firma oder auch einem Hedgefonds bewerben. Wenn Sie nicht genug Geld haben, sollten Sie mit einem Demo-Konto üben, einem Investmentclub beitreten, Online-Blogs lesen oder selbst schreiben, Seminare besuchen, Chatrooms, Foren und Bücher durchstöbern und genügend Geld ansparen, um vernünftig handeln zu können! Sie können heutzutage sogar Day-Trading-Videospiele spielen, um mit Papiergeld zu trainieren, oder Sie treten einem Tradingcontest bei.

Markt der Zukunft: Auswirkung von High-Frequency-Tradingsystemen

Im Sommer 2009 wurde in den USA eine Debatte über High-Frequency Trading (HFT) ausgelöst. Hintergrund ist, dass ein Großteil der Orders an den elektronischen Börsen nicht getradet wird, sondern wieder gelöscht wird »(Flash Orders«). Dadurch wird der Markt »manipuliert«. Es entstehen »mehr« Kurse und eine größere Volatilität sorgt dafür, dass es für den Retail-Trader immer schwieriger ist, den Markt mit vernünftig skalierten Risiken zu handeln. Eine Auswirkung von HFTs ist es, dass Sie schneller ausgestoppt werden (besonders auf kleinen Zeitebenen) oder es bestimmte Programme gibt, die bewusst die (emotionalen) Schwächen der unerfahrenen Trader ausnutzen, um von ihnen zu profitieren.

Tatsache ist, dass der Großteil der eingegebenen Orders wieder gelöscht wird. Ein Beispiel: Am 18. Februar 2010 wurden am NASDAQ 1,247 Milliarden Aktien umgesetzt (berechnet von T3 Capital Management, New York City). Trader haben an diesem Tag allerdings nur in etwa 1 Prozent des Volumens tatsächlich getradet. Der Rest der Orders wurde wieder gelöscht.

Die meisten Bids und Offers wurden vermutlich von Programmen in den Markt gelegt, nur um in Sekundenbruchteilen wieder gelöscht zu werden (sogenannte »Fake Bids« und »Fake Offers«).

Sean Hendelmann von T3 Capital behauptet dabei, dass dieses Vorgehen das tatsächliche Bild von Angebot und Nachfrage deutlich verzerrt. »Trader verlassen sich auf die Daten (Bids/Offers) und diese Daten sind nicht real!«, sagt Sean Hendelmann von T3.[1]

HFTs selbst bestehen aus Computerprogrammen, die Aktien (und Futures) schneller kaufen und verkaufen können als Sie. Firmen, die HFTs einsetzen, profitieren zusätzlich von besseren Börsenkursen und schnellerer Ausführung, da sie ihre Server durch »Co-Location« in räumlicher Nähe der entsprechenden Börsen aufstellen. So entsteht zusätzlich ein Informationsvorteil. Geschwindigkeit ist dabei der größte »Edge« der HFTs. Schauen Sie einmal ins Orderbuch (Inside Market), und beobachten Sie den »Kampf« der Programme, und Sie bekommen einen Eindruck davon, was sich an den Märkten abseits der Charttechnik wirklich abspielt!

Nachdem einige Blogs und Insider über die Taktik von HFTs berichtet haben, griff die Politik dieses Thema erneut auf. Im Moment propagiert ein Senator aus New York ein Verbot der »Flash Orders«, um das Ungleichgewicht an den Märkten auszugleichen.

Viele Trader der »älteren« Generation sind nicht in der Lage, sich an die »neuen« Gegebenheiten des Marktes anzupassen. Im Februar 2010 unterhielten wir uns mit einem ehemaligen Pit-Trader aus Chicago über die Nachteile, die durch den elektronischen Handel und die HFTs entstanden sind. Er selbst gab zu, seit Einführung des Algo-Trading nicht mehr profitabel handeln zu können. Ein gutes Beispiel für einen Trader, der sich nicht anpassen kann. Es ist möglich, den Systemhandel zu schlagen, wenn Sie wissen wie!

Es gibt eine Unmenge von Programmen:

---

1 http://blog.t3live.com/2010/09/wsj-recognizes-t3-in-ongoing-hft-debate.html

Das »Neue Hochs verkaufen«-Programm

Das »Neue Tiefs kaufen«-Programm

Das »Mit großen Orders auf dem Bid Käufer anlocken und dann verkaufen«-Programm

und vieles mehr.

In unserem Trader-Coaching berichten uns angehende Trader interessanterweise oft von einem wiederkehrenden Problem:

Nach der Lektüre von einigen Börsenbüchern und Seminaren trauen sich die angehenden Trader mit echtem Geld in den Markt. Die häufigste Strategie ist dabei, Ausbrüche zu handeln, um von beginnenden Trends zu profitieren. Der Ansatz ist gut, allerdings geht es in den meisten Fällen schief. In unserer gemeinsamen Trade-Analyse berichten uns die Teilnehmer davon, dass die meisten Trades einfach nicht aufgehen. Sie kaufen den Ausbruch, und der Trade läuft anschließend sofort gegen sie. Fast 80 Prozent der Teilnehmer haben genau dieses Problem.

Die Gründe für die »Fehltrades« sind dabei eigentlich ganz einfach:

1. Es wird ausschließlich Technische Analyse (oder sonstige banale Trading-Systeme) eingesetzt und nicht darauf geachtet, was die Marktteilnehmer tatsächlich machen. (Orderflow-Analyse: Wer kauft und wer verkauft?)
2. Es wird nicht auf Bestätigung des Ausbruchs gewartet, sondern »blind« gekauft.
3. Die Trader sind sich der Auswirkungen der HFTs nicht bewusst und werden so Opfer des Programmtradings.

Ein weiteres Problem ist das Shorten neuer Tiefs:

»Neue Tiefs verkaufen« lautet die Börsenweisheit (analog zu »neue Hochs kaufen«). Prinzipiell ist das richtig – wären da nicht die HFTs.

Programme wie »Das neue Tief kaufen« fangen die Trader ein, die genau am Tief short gegangen sind. Kurz nach dem neuen Tief steigen die Kurse so weit an, dass die meisten Short-Positionen gedeckt werden müssen. Dieses Programm ist besonders beliebt, aber schlagbar!

Sollten Sie etwas Trading-Erfahrung und Kenntnisse in der Orderflow-Analyse mitbringen, dann werden Sie diese Muster schnell erkennen und von ihnen profitieren, wenn Sie sich anpassen.

Trading ist komplexer geworden und für jeden ernsthaften Trader führt kein Weg daran vorbei, sich mit den Techniken der Quants auseinanderzusetzen (die im Übrigen keine besseren Trader sind). Letztendlich wird jedes Programm irgendwann nicht mehr funktionieren. Die Quants müssen ständig neue Programme entwickeln – genauso wie Sie sich anpassen müssen. Der Vorteil von uns Retail-Tradern ist es allerdings, dass wir flexibel sind. Flexibler als ein Computerprogramm, wenn wir genug trainieren und die Muster schnell erkennen.

HFTs haben das Trading schwieriger gemacht und wie immer im Leben die Leute aus dem Markt genommen, die sich nicht anpassen konnten. Alle Trader, die die Systeme der HFTs erfolgreich erkennen und eine Gegenstrategie entwickeln, werden auch in Zukunft erfolgreich bleiben! Trends wird es immer geben und so bleibt auch für die Swing-Trader eine reelle Chance. Insgesamt aber wird jeder Trader für den »besten Job der Welt« mehr Zeit aufwenden müssen – denn die Konkurrenz schläft nicht und wer seine Feinde nicht kennt, wird auf Dauer verlieren.

simplified

Nachwort

Wir hoffen, Sie konnten nun einen guten Eindruck von der täglichen Arbeit eines Day-Traders bekommen. Vielleicht haben wir Ihre Erwartungen mit diesem Buch enttäuscht, weil Sie jetzt verstehen, dass Sie nicht schnell und ohne viel Arbeit mit dem Börsenhandel reich werden können. Wenn wir das erreicht haben, dann sind wir allerdings zufrieden, denn Sie werden durch diese Erkenntnis sehr wahrscheinlich viel Geld sparen. Wenn Sie den Weg zum professionellen Day-Trader gehen wollen, dann hoffen wir, Sie einen Schritt weitergebracht zu haben.

Wenn Sie sich ernsthaft mit dem Trading auseinandersetzen, werden Sie sehr viel über sich selbst lernen, und es wird sich auf viele Bereiche Ihres Lebens auswirken. Beim Trading geht es nicht in erster Linie darum, Geld zu verdienen, sondern seine Arbeit gut zu machen und täglich ein besserer Trader zu werden. Die Bezahlung kommt dann ganz von allein. Trader werden nicht pro Stunde bezahlt, sondern für ihre guten Entscheidungen.

Die Börse ist kein freundliches Spiel, sondern ein Wettbewerb. Gerade in einem Nullsummen-Markt wie dem Futures-Markt geht es darum, andere Marktteilnehmer mit einer besseren Strategie zu schlagen. Aus diesem Grund sollten Sie sich angewöhnen, den Markt nüchtern zu betrachten und dann zuzuschlagen, wenn Ihre Beute (Ihr Trade) vorbeikommt. Traden Sie nie ohne einen Edge. Verwenden Sie Ihre freie Zeit darauf, zu lernen, und hören Sie niemals damit auf. Nur so werden Sie langfristig Ihre Ziele erreichen.

simplified

Anhang

Glossar – die Sprache der Trader

Pips
Ein Pip ist die kleine Einheit einer handelbaren Währung. Im Forexmarkt ist ein Pip generell ein Hundertstel eines Cents.

Penny/Cent
Die kleinste Kursbewegung einer Aktie und damit eine Möglichkeit, Gewinne zu messen.

Punkt/Points
Ein Punkt ist eine 1-Prozent-Änderung. Ein Basispunkt entspricht einem Prozent eines Prozents.

Tick
Ein Tick ist die kleinstmögliche Veränderung in einem Futures-Kontrakt. Ein S&P 500 Futures-Kontrakt an der CME hat eine Pro-Tick-Veränderung von 12,5 Dollar.

Der Bid
Der Kurs, zu dem die Käufer ein Wertpapier kaufen wollen.

Der Ask
Der Kurs, zu dem die Verkäufer ein Wertpapier verkaufen wollen. Befindet sich auf der rechten Seite des Orderbuches.

Market-Maker
Große Institutionelle Händler, wie zum Beispiel Morgan Stanley oder Bank of America.

ECN
Electronic Communications Network. Das ECN ist ein System, über das Day-Trader ihre Orders absetzen. Dies kann zum Beispiel die NYSE oder der NASDAQ sein.

Volumen
Die Anzahl der Wertpapiere, die zu dem angegebenen Zeitpunkt gehandelt werden.

Times & Sales
Die Liste mit den ausgeführten Trades. Zeigt Kurs und Anzahl der gehandelten Papiere.

Choppy-Marktumfeld
Ein Marktumfeld, in dem Wertpapiere unberechenbar stark hin und her schwanken.

Covern/»get flat«
Position glattstellen, schließen

P&L
Profit & Loss, Ihr aktueller Gewinn und Verlust

Forex
Der OTC-Markt für Währungshandel

SEC
US-Finanzmarktaufsicht

Literaturempfehlungen und Weblinks

Im Internet finden Sie heutzutage dutzende Day-Tradingblogs, wo Sie sich mit Tradern austauschen können. Da sich die Blogs regelmäßig erneuern, müssen Sie selbst über Google die neuesten und besten suchen. Abonnieren Sie diese Blogs über Feedreader, Email oder Applications für Ihr

Handy und saugen Sie alles Wissen auf, was Sie in die Finger bekommen. Wir lesen Börsenblogs genauso während der U-Bahnfahrt wie auf dem Weg zu einem Treffen mit Freunden am Handy.

Links und Tools

- Unser Blog: www.daytrading.de
- Unser Twitter-Account: daytrading__de
- Bloomberg Economic Calender: www.bloomberg.com/markets/ecalendar/index.html
- Unternehmenszahlen – Termine: http://biz.yahoo.com/research/earncal/today.html
- Wirtschaftsnachrichten: http://biz.yahoo.com/c/e.html
- Wirtschaftsnachrichten: www.forexfactory.com/calendar.php
- Günstiges und kostenloses Charting: www.freestockcharts.com
- Verschiedene Day-Trading Broker: www.daytrading.de/broker
- Europäischer Futures-Broker (WH Selfinvest) mit kostenloser Demo unter folgendem Shortlink: http://bit.ly/d3rx23
- Aktien und Sektoren vergleichen: http://ycharts.com
- Pivots und Schlüsselniveaus in Futures: http://www.pivotfarm.com/
- Marktüberblick: http://www.bloomberg.com/markets/
- Earnings-Kalender (Quartalsberichte): http://biz.yahoo.com/research/earncal/today.html
- Markdaten: http://www.forexfactory.com/calendar.php
- NASDAQ-Tradinghalts: http://www.nasdaqtrader.com/Trader.aspx?id=Tradehalts
- Insidertransaktionen: http://www.insidercow.com/
- Gratis End-of-Day-Backtesting und Charting: www.quantshare.com
- www.intelligent-trading.com

Aktienscanner

- Tipp: Screener und Marktüberblick: www.finviz.com
- News, Realtime-Quotes und Screener: www.google.com/finance

Weiterbildung

- Unser Blog: www.daytrading.de
- Unser Personal Trader Coaching: www.tradinglernen.de
- Day-Trader-Ausbildung: www.smbtraining.de
- Trading-Seminare: www.kursplus.de

Buchempfehlungen:

Ayache, Elie: The Blank Swan. The End of Probability. John Wiley & Sons 2010.

Bellafiore, Mike: One Good Trade. Inside the Highly Competitive World of Proprietary Trading. John Wiley & Sons 2010.

Daeubner, Pierre M.: Alles was Sie über Technische Analyse wissen müssen – simplified. FinanzBuch Verlag 2005.

Elder, Alexander: Sell & Sell Short. John Wiley & Sons 2008.

Elder, Alexander: Entries & Exits. Visits to Sixteen Trading Rooms. John Wiley & Sons 2006.

Fried, Jason & David Heinemeier Hansson: Rework. Crown Business 2010.

Lefevre, Edwin: Reminiscences of a Stock Operator. Fraser Pub Co, Reprint 1998.

Montier, James: Behavioural Investing: A Practitioners Guide to Applying Behavioural Finance. John Wiley & Sons 2007.

Parsons, Michael J.: Channel Surfing: Riding the Waves of Channels to Profitable Trading. Authorhouse 2005.

Robbins, Anthony: Awaken the Giant within. How to Take Immediate Control of Your Mental, Emotional, Physical and Financial Life. Pocket Books 2001.

Schwartz, Amy: Pit Bull. Lessons from Wall Street's Champion Trader. HarperBusiness 1998.

Steenbarger, Brett N.: The Daily Trading Coach: 101 Lessons for Becoming Your Own Trading Psychologist. John Wiley & Sons 2009.

Hilfreiche Dokumente

Futures-Tabelle

Indices	Börse	Symbol	Tick	Tick-Wert	Wert	Monate	Handelszeiten (CDT)
E-Mini S&P 500	CME	ES	0,25	12,50 $	$50 x Index	H, M, U, Z,	00:00-22:15
E-Mini Nasdaq	CME	NQ	0,25	5 $	$20 x Index	H, M, U, Z,	00:00-22:15
E-Mini Dow Jones - $5	CBOT	YM	1	5 $	$5 x Index	H, M, U, Z,	00:00-22:15
Mini Russell	ICE	TF	0,1	10,00 $	$100 x Index	H, M, U, Z,	00:00-22:15
E-Mini Midcap 400	CME	EMD	0,1	10,00 $	$100 x Index	H, M, U, Z,	00:00-22:15
Nikkei 225	CME	NKD	5	25,00 $	$5 x Index	H, M, U, Z,	9-22:15 & 22:30-23:30
Eurex							
Dax	EUREX	FDAX	0,5	12,50 EUR	25 EUR x Index	H, M, U, Z,	8 - 22
Stoxx 50	EUREX	FESX	1	10 EUR	10 EUR x Index	H, M, U, Z,	8 - 22
Euro Bund	EUREX	FGBL	0,01	10 EUR	EUR 100.000	H, M, U, Z,	8 - 22
BOBL	EUREX	FGBM	0,005	5 EUR	EUR 100.000	H, M, U, Z,	8 - 22
Schatz	EUREX	FGBS	0,005	5 EUR	EUR 100.000	H, M, U, Z,	8 - 22
Interest Rates							
30 Year T-Bond	CBOT	ZB	1/32	31,250 $	100.000,00 $	H, M, U, Z,	00:30 - 23
10 Year Note	CBOT	ZN	1/2 of 1/32	15,625 $	100.000,00 $	H, M, U, Z,	00:30 - 23
5 Year Note	CBOT	ZF	1/2 of 1/64	7,81 $	100.000,00 $	H, M, U, Z,	00:30 - 23
2 Year Note	CBOT	ZT	1/4 of 1/32	7,81 $	200.000,00 $	H, M, U, Z,	00:30 - 23
Eurodollar	CME	GE	0,005	12,50 $	100.000,00 $	H, M, U, Z,	00:00 - 23
Currencies							
Euro FX	CME	6E	0,0001	12,50 $	EUR 125,000	H, M, U, Z,	00:00 - 23
E-Mini Euro FX	CME	E7	0,0001	6,25 $	EUR 62,500	H, M, U, Z,	00:00 - 23
Japanese Yen	CME	6J	0,000001	12,50 $	YEN 12,500,000	H, M, U, Z,	00:00 - 23
Swiss Franc	CME	6S	0,0001	12,50 $	SF125,000	H, M, U, Z,	00:00 - 23
British Pound	CME	6B	0,0001	6,25 $	GBP 62,500	H, M, U, Z,	00:00 - 23
Australian Dollar	CME	6A	0,0001	10,00 $	A$ 100,000	H, M, U, Z,	00:00 - 23
Canadian Dollar	CME	6C	0,0001	10,00 $	C$ 100,000	H, M, U, Z,	00:00 - 23
US Dollar Index	ICE	DX	0,005	5,00 $	1000 x Index	H, M, U, Z,	5 - 1
Metals (NYMEX ON CME)							
Gold	COMEX	GC	0,1	10,00 $	100 oz	G, J, M, Q, V, Z	00:00-23:15
Copper	COMEX	HG	0,05	12,50 $	25,000 lbs	ALL	00:00-23:15
Silver	COMEX	SI	0,005	25,00 $	5,000 oz	F, H, K, N, U, Z	00:00-23:15
Meats (CME)							
Live Cattle	CME	LE	0,00025	10,00 $	40,000 lbs	G, J, K, M, N, Q, V, Z	16:05-8:55
Lean Hogs	CME	HE	0,00025	10,00 $	40,000 lbs	G, J, M, N, Q, V, Z	16:05-8:55
Grains (CBOT on CME)							
Corn	CBOT	ZC	1/4 cent	12,50 $	5,000 bu	H, K, N, U, Z	1-13 & 16:30-20:15
Oats	CBOT	ZO	1/4 cent	12,50 $	5,000 bu	H, K, N, U, Z	1-13 & 16:30-20:15
Soybeans	CBOT	ZS	1/4 cent	12,50 $	5,000 bu	F, H, K, N, Q, U, X	1-13 & 16:30-20:15
Wheat	CBOT	ZW	1/4 cent	12,50 $	5,000 bu	H, K, N, U, Z	1-13 & 16:30-20:15
Soybean Oil	CBOT	ZL	1	6,00 $	60,000 lbs	F, H, K, N, Q, U, V, Z	1-13 & 16:30-20:15
Soybean Meal	CBOT	ZM	1	10,00 $	100 tons	F, H, K, N, Q, U, V, Z	1-13 & 16:30-20:15
Softs (ICE)							
Cotton	ICE	CT	0,01	5,00 $	50,000 lbs	H, K, N, U, Z	9:30 - 20
Cocoa	ICE	CC	1	10,00 $	10 tons	H, K, N, U, Z	9:30 - 20
Sugar #11	ICE	SB	0,01	11,20 $	112,000 lbs	H, K, N, U, Z	9:30 - 20
Coffee	ICE	KC	0,05	18,75 $	37,500 lbs	H, K, N, U, Z	9:30 - 20
Energies							
Crude Oil	NYMEX	CL	0,01	10,00 $	1,000 bbl	ALL	00:00-23:15
Natural Gas	NYMEX	NG	0,1	10,00 $	10,000 mmBtu	ALL	00:00-23:15
Heating Oil	NYMEX	HO	0,01	4,20 $	42,000 gal	ALL	00:00-23:15
E-Mini Crude Oil	NYMEX	QM	0,025	12,50 $	500 bbl	ALL	00:00-23:15
E-Mini Natural Gas	NYMEX	QG	0,5	12,50 $	2,500 mmBtu	ALL	00:00-23:15
RBOB GAS	NYMEX	RB	0,01	4,20 $	42,000 gal	ALL	00:00-23:15

Monat	Kürzel
Januar	F
Februar	G
März	H
April	J
May	K
Juni	M
Juli	N
August	Q
September	U
Oktober	V
November	X
Dezember	Z

NYMEX Margins:
http://www.nymex.com/ewd_margins.aspx
CME Group Margins:
http://www.cmegroup.com/CmeWeb/html.wrap/wrappedpages/clearing/pbrates/PBISHomePage.htm?h=2
Eurex Margins:
http://www.eurexclearing.com/documents/clearing_circulars_en.html

Formular zur Marktvorbereitung

Marktvorbereitung für den:

Big Picture - Futures Überblick:

EUROPA:
SPY:
Öl:
Euro/USD:

Wichtige Levels in den Futures:

Wirtschaftsnachrichten:

Einzelaktien:

Ticker:
News:
Keylevels:
200d MA:
50d MA:
Short Interest:
Handelsplan:

Ticker:
News:
Keylevels:
200d MA:
50d MA:
Short Interest:
Handelsplan:

simplified

Über die Autoren

Valentin Rossiwall und Philipp Schröder sind seit Jahren als Trader mit dem Schwerpunkt US-Aktien und Futures tätig. Ihre täglichen Handelserfahrungen und ihr Know-how aus der Zusammenarbeit mit Hedgefonds und bekannten Tradern aus der US-Trading-Szene geben die Autoren in diversen Online- und Fachmagazinen sowie dem führenden Trading-Portal www.daytrading.de preis. Die Trader arbeiten zusätzlich als Trading-Coachs und sind gern gesehene Referenten bei renommierten Trading-Veranstaltungen, wie der Invest, der World of Trading und Hochschulveranstaltungen.

„Ein authentischer Tradingguide für Day-Trader - es ist überraschend wie viele praktisch anwendbare Strategien die von professionellen Hedgefundmanagern verwendet werden heute öffentlich dargestellt werden“

Gordon C. Eckler III managed Fairhaven Capital Advisors

„Valentin Rossiwall und Philipp Schröder sind begeisterte Trader und Tradingcoaches. Ihr Buch überzeugt durch erfrischende Ansätze und detailierte Ausführungen zu Day-Trading-Strategien und Tradingpsychologie. Traden Sie nicht am Minutenchart bevor Sie dieses Buch gelesen haben!“

Jochen Steffens, Chefredakteur von Steffens-Daily.de und Fachbuchautor

Rainbow-Trading - simplified

Lars Gottwick

Rainbow-Trading ist eine Trendfolgestrategie, die durch die markante Verwendung von Gleitenden Durchschnitten ihr Aussehen erhält. Der Rainbow-Trader sucht Märkte bzw. Zeitebenen mit signifikanten Trendbewegungen, um diese entsprechend zu handeln. Das Rainbow-Trading kann sowohl im Positions-, Swing- und Day- wie auch im Scalp-Trading eingesetzt werden und bietet die Möglichkeit, Trades mit ausgesprochen interessanten Chance-Risiko-Verhältnissen zu finden.

150 Seiten | Broschur | 14,90 € (D) | 15,40 € (A) | sFr. 25,50 | ISBN 978-3-89879-570-8

SASSENBACH.DE

Wir verlieben Dich!
www.friendscout24.de
Flirten, daten, verlieben – bei Deutschlands Partnerbörse Nr. 1
FRIEND
SCOUT 24